Henrik Paulitz

Strom-Mangelwirtschaft

Henrik Paulitz

Strom Mangel Wirtschaft

Warum eine Korrektur der Energiewende nötig ist

AKADEMIE BERGSTRASSE

Der Autor

Henrik Paulitz ist Leiter der
Akademie Bergstraße für Ressourcen-, Demokratie- und Friedensforschung

Bibliografische Information der Deutschen Nationalbibliothek

Die Deutsche Nationalbibliothek verzeichnet diese Publikation in der Deutschen Nationalbibliografie; detaillierte bibliografische Daten sind im Internet über http://dnb.dnb.de abrufbar.

Darmstädter Str. 12, 64342 Seeheim-Jugenheim
HRB 95205, Amtsgericht Darmstadt, Steuernummer 007 250 44144
ISBN 978-3-981-8525-3-0

1. Auflage: 2020
2. Auflage 2021

www.akademie-bergstrasse.de

Umschlaggestaltung: Thomas Salzmann, Frankfurt/M.
Titelfotos (bearbeitet): GerritR / CC BY-SA (https://creativecommons.org/licenses/by-sa/4.0), A013231 /
CC BY-SA (https://creativecommons.org/licenses/by-sa/3.0)
Druck-Printausgabe: KM | Druck2.0, Groß-Umstadt
Grafiken: Henrik Paulitz
Printed in Germany
Herstellung: Akademie Bergstraße

Inhalt

Vorwort

Was läuft schief mit der Energiewende? Mit den fehlenden Strom-Langzeitspeichern für Wind und Sonne, dem unmittelbar bevorstehenden Verlust der bislang vorhandenen Kraftwerks-Überkapazitäten und einer fehlenden Langfrist-Perspektive für Stromimporte bewegt sich Deutschland inzwischen hart am Rande einer „StromMangelWirtschaft".

Emotionale Abwehrreaktionen gegen eine nüchterne Problemanalyse sind verständlich – und dennoch wären sie sehr fahrlässig angesichts der großen Bedeutung eines versorgungssicheren Stromsystems.

In einer demokratischen, sozialen Marktwirtschaft sollte es möglich sein, Fehlentwicklungen sachlich zu analysieren und rechtzeitig auf intelligente Weise gegenzusteuern.

Eine energiepolitische Neu-Orientierung erscheint notwendig, um das Wohlergehen der nachfolgenden Generationen Deutschlands und Europas sicherzustellen. Nicht zuletzt auch, um den Frieden zu bewahren.

Henrik Paulitz, November 2020

1. Das unsichtbare Problem

Wohlstand, Sicherheit, Freiheit, Stabilität, Frieden, Leben und Gesundheit basieren fundamental auf einer gesicherten Energieversorgung. Die Versorgungssicherheit absolut zuverlässig zu gewährleisten, ist somit eines der prioritären Ziele jeder seriösen Energiepolitik.

Durch die energiepolitischen Entscheidungen der vergangenen Jahre ist die Versorgungssicherheit gefährdet, ohne dass dies für die Öffentlichkeit bislang spürbar wäre. Warnungen von Fachleuten werden regelmäßig in den Wind geschlagen.

Der Strombedarf Deutschlands liegt bei 80 Gigawatt

Vordergründig betrachtet hat die deutsche Energiewende grandiose Erfolge zu feiern: Mit dem partiellen Atomausstieg gingen die Lichter nicht aus und zeitweise liefern Wind- und Solarenergieanlagen rund die Hälfte des benötigten Stroms eines Industrielandes. Das Problem ist aber: Sonne und Wind liefern nur zeitweise.

Der Strombedarf Deutschlands schwankt derzeit im tages- und jahreszeitlichen Verlauf zwischen 40 und gut 80 Gigawatt (Jahreshöchstlast).[1] Das Stromversorgungssystem muss also jederzeit bis zu 80 Gigawatt und mehr elektrische Leistung zuverlässig bereitstellen können.

80 Gigawatt (GW) – das entspricht rechnerisch der Stromerzeugung von 100 großen Kohlekraftwerksblöcken, die jeweils 800 Megawatt (800 MW = 0,8 GW) ins Stromnetz einspeisen.

Wenn die vielen kleinen Wind- und Solarenergie-Anlagen zeitweise rund die Hälfte dieser gigantischen Strommenge für Deutschland „heute schon" bereitstellen können, dann sollte es doch eigentlich kein Problem sein, die Stromversorgung in Kürze vollständig auf erneuerbare Energien umzustellen – sollte man meinen. Diese scheinbar einfache Schlussfolgerung ist allerdings falsch:

Nacht für Nacht liefert die Solarenergie gar keinen Strom. Die Windenergieanlagen liefern Strom, wenn der Wind weht, wenn nicht, dann liefern auch sie keinen Strom.

Vor wenigen Jahrzehnten bestand die Erwartung, dass der Wind schon immer irgendwo in Deutschland oder Europa wehen würde und dass man den Strom dann über die Leitungsnetze austauschen könne. Die Praxiserfahrung zeigt jedoch, dass es zu großflächigen Windflauten kommen kann. Auch andere Regionen in Deutschland und Europa können dann die Defizite nicht auffangen, kein auch noch so gut ausgebautes Stromnetz kann dann Windstrom zur Verfügung stellen. Bei großflächigen Windflauten hilft auch das beste Stromnetz nichts.[2]

Gesicherte Leistung von Sonnen- und Windenergie

Da Stromnetze das Problem nicht lösen, stellt sich die Frage, welche „gesicherte Leistung" Wind- und Solaranlagen zur Verfügung stellen. Ausgangspunkt ist, wie beschrieben, dass Deutschland rund 80 GW gesicherte Leistung benötigt.

Bei Wind- und Solaranlagen betrachtet man zunächst die „installierte Leistung", also die Maximalleistung bei optimalen

Wind- bzw. Lichtverhältnissen. Die installierte Leistung vermittelt einen sehr positiven Eindruck:

Im Jahr 2019 waren in Deutschland Windenergieanlagen an Land (Onshore) mit einer installierten Leistung von insgesamt rund 50 GW in Betrieb. Hinzu kamen 5,4 GW Offshore-Windenergie und 42 GW Solarenergie. Die installierte Spitzenleistung von Wind und Solar lag demnach bei fast 100 GW.

Warum reichen 100 GW installierte Spitzenleistung bei Wind und Sonne nicht aus, um einen Elektrizitätsbedarf Deutschlands von rund 80 GW in der Spitze zu decken?

Die schlichte Antwort lautet: Weil die Sonne vielfach nicht oder nicht kräftig genug scheint und der Wind vielfach nicht kräftig genug weht.

Die in den vergangenen Jahren gesammelten Daten sind ernüchternd: Von den 50 GW installierter Windenergie-Leistung an Land (Onshore) können lediglich 1 Prozent, also 0,5 GW als „gesicherte Leistung“ betrachtet werden.

Das heißt: Wenn Deutschland 50 GW Windenergie installiert, liegt die gesicherte Stromversorgungsleistung bei 0,5 GW. Bei einer Verdoppelung der installierten Windenergie-Leistung auf 100 GW, liegt die gesicherte Leistung bei 1 GW. Den Strombedarf Deutschlands von 80 GW sichert die Windenergie demnach heute mit 0,6 Prozent ab. Würde man die Windenergie-Kapazität verdoppeln, läge die gesicherte Leistung auch nur bei 1,25 Prozent des deutschen Strombedarfs.

Mit anderen Worten: Auch eine Verdoppelung der Windenergie-Leistung in Deutschland löst das Grundproblem der deutschen Energiewende nicht im Ansatz.

Die Deutsche Energie-Agentur (Dena) hielt dazu in der „Dena-Leitstudie Integrierte Energiewende“ von 2018 nüchtern fest:

„Nicht-regelbare Wind Offshore-Anlagen können mit 5% sowie Wind Onshore-Anlagen mit 1% der installierten Kapazität zur gesicherten Leistung beitragen, während Photovoltaik keinen Beitrag leistet."[3]

Problematisch ist auch die schwache solare Stromerzeugung im Winterhalbjahr. Der Beitrag der Photovoltaik in den Wintermonaten ist sehr gering.[4]

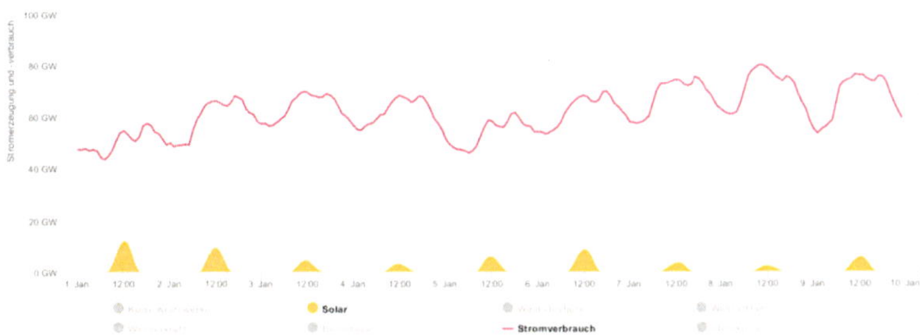

Solarstromerzeugung und Stromverbrauch 01. - 09.01.2020
Agora Energiewende (2020): Agorameter

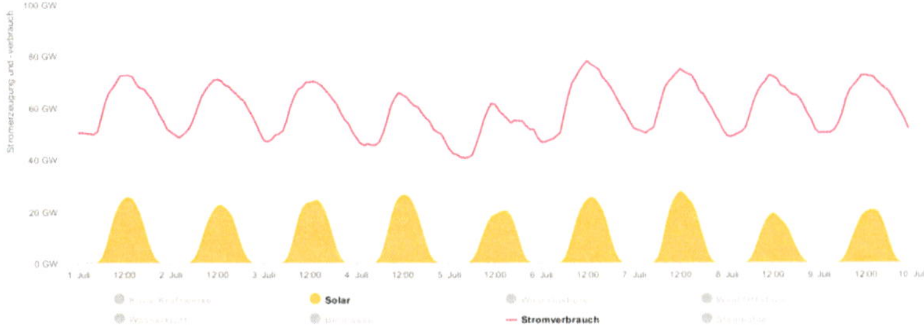

Solarstromerzeugung und Stromverbrauch 01. - 09.07.2020
Agora Energiewende (2020): Agorameter

Die verlässliche, „gesicherte Leistung“ der Solarenergie (Photovoltaik) liegt in Deutschland demnach bei Null, die der Windenergie an Land (Onshore-Windenergie) bei einem Prozent der installierten Maximalleistung und selbst die Windenergieerzeugung im Meer (Offshore-Windenergie) kann laut Dena nur mit 5 Prozent der installierten Leistung zuverlässig Strom liefern.

Nimmt man diese Relationen zwischen installierter und gesicherter Leistung, dann kommt man selbst bei einer Verdreifachung der Anlagen-Kapazitäten von Sonne (Photovoltaik), Wind-Onshore und Wind-Offshore zum Ergebnis, maximal 4,5 GW gesicherte Leistung verfügbar machen zu können (vgl. Tabelle). Selbst bei derartigen Anstrengungen wäre man also von einer Bedarfsdeckung (80 GW) extrem weit entfernt.

Neben den „fluktuierenden“, also unbeständigen regenerativen Energiequellen Wind und Sonne sind in Deutschland noch Wasser und Biomasse zu betrachten. Die sehr zuverlässige, jedoch nur noch wenig ausbaubare Wasserkraft steuert 3,8 GW bei, die Biomasse 7,7 GW. Ausbaupotenzial besteht hier praktisch nicht mehr.

	Installierte Leistung 2020 [GW]	Angenommener Wachstums-Faktor 2020-2030	Potenziell installierte Leistung 2030 [GW]	Anteil gesicherte an installierter Leistung [%]	Gesicherte Leistung 2020 [GW]	Potenziell gesicherte Leistung 2030 [GW]
Sonne (PV)	47,351	1,59	75,288	**0**	0,000	0,000
Wind Onshore	52,681	3,69	194,393	**1**	0,527	1,944
Wind Offshore	6,648	7,75	51,522	**5**	0,332	2,576
Summe	**106,68**		**321,203**		**0,859**	**4,520**

Gesicherte Leistung von Sonne und Wind 2020 - 2030
Quellen: Bundesnetzagentur 01.04.2020, Dena 2018, eigene Berechnungen
Akademie Bergstraße

Mit dann potenziell rund 16,6 GW gesicherter Leistung von Biomasse, Wasser, Wind und Sonne ist selbst bei optimistischer Betrachtung in etwa das Ende der Fahnenstange erreicht.

Unterm Strich ergibt sich, dass die erneuerbaren Energien mit einer potenziellen gesicherten Leistung in Höhe von 16,6 GW lediglich zu 20 Prozent die Spitzenlast von rund 80 GW abdecken können.

Patrick Graichen, langjähriger Mitarbeiter des Bundesumweltministeriums (zuletzt Referatsleiter für Klima- und Energiepolitik) schrieb 2014 als Direktor der Agora Energiewende: „Wir haben uns geirrt bei der Energiewende. Nicht in ein paar Details, sondern in einem zentralen Punkt. Die vielen neuen Windräder und Solaranlagen, die Deutschland baut, leisten nicht, was wir uns von ihnen versprochen haben. Wir hatten gehofft, dass sie die schmutzigen Kohlekraftwerke ersetzen würden, die schlimmste Quelle von Treibhausgasen. Aber das tun sie nicht."[5]

Wie gravierend die Problematik der Dunkelflauten ist, wurde auch von Wolf von Fabeck vom Solarenergie-Förderverein wiederholt hervorgehoben. 2017 schrieb er, dass ein alleiniger „massiver Ausbau von Solar- und Windstromanlagen" nicht genügt, um eine gesicherte Stromversorgung aufzubauen.

Zwar könnten die erneuerbaren Energien zweifellos summarisch die gesamte Stromversorgung Deutschlands stemmen. Das ändert laut von Fabeck jedoch nichts am Problem der Dunkelflauten: „Ausgesprochen hohen Leistungsspitzen bei sonnig/windigem Wetter stehen viele Tage mit zu geringem Wind- und Sonnenstrom gegenüber. In den Nächten liefert die Sonne gar keinen Beitrag." Es heiße oft, dass immer irgendwo in Deutschland genügend Wind wehen würde, um damit unser hochindustrialisiertes Land zuverlässig mit Windstrom versorgen zu können. „Doch das ist ein Irrtum: Im Jahr 2016 z.B. gab es sogar 52 Nächte, in denen in ganz Deutschland nahezu überhaupt kein Wind wehte." Auch Importe von Sonnen- und Windstrom aus dem europäischen Ausland seien in der benötigten Menge nicht möglich. Eine gesicherte Sonnen- und Windstromerzeugung sei nur in Kombination mit konventionellen Kraftwerken oder mit Langzeit-Stromspeichern realisierbar.

In den 52 Dunkelflauten des Jahres 2016 lieferten die On- und Offshore-Windenergieanlagen laut Solarenergie-Förderverein zumindest stundenweise weniger als ein Zehntel ihrer Nennleistung. In drei Nächten betrug die eingespeiste Windleistung sogar weniger als 1 GW.[6]

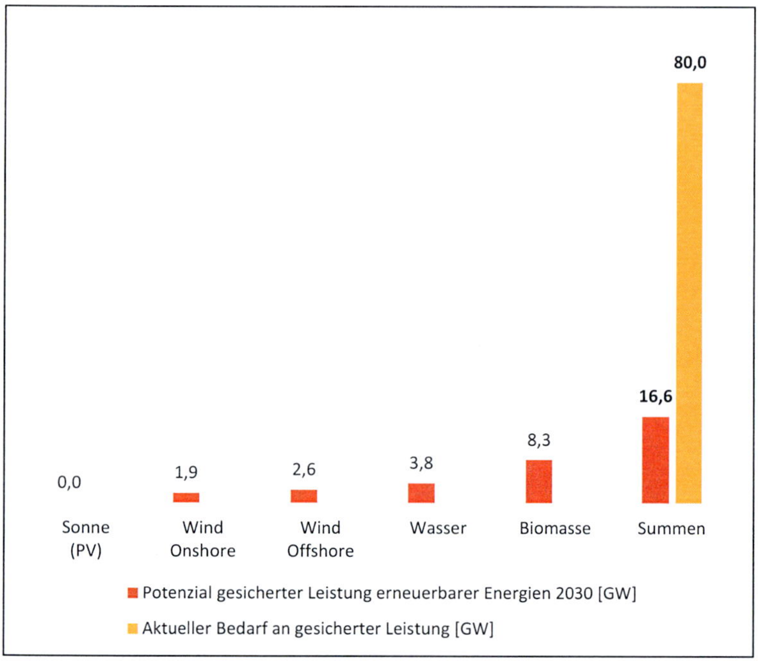

Potenzial gesicherter EE-Leistung und aktueller Bedarf
Quellen: Bundesnetzagentur 01.04.2020, Dena 2018, eigene Berechnungen
Akademie Bergstraße

Dass die gesicherte Leistung von Sonne und Wind extrem gering ist, lässt sich auch anhand der realen Daten aus dem Jahr 2020 aufzeigen. Nach Angaben der Bundesnetzagentur lag die installierte Leistung von Solaranlagen bei rund 47 GW, die der Onshore-Windenergie bei 53 GW und die der Offshore-Windenergie bei 6,6 GW (Stand 01.04.2020, EEG-Anlagen ausgewertet zum 30.06.2019).

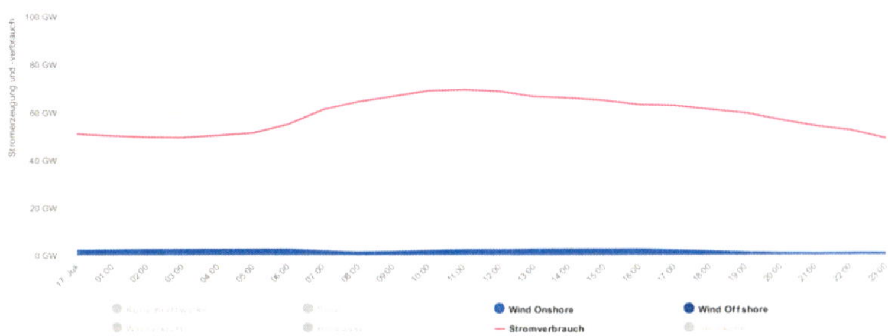

Wind-Stromerzeugung und Stromverbrauch am 17.07.2020
Agora Energiewende (2020): Agorameter

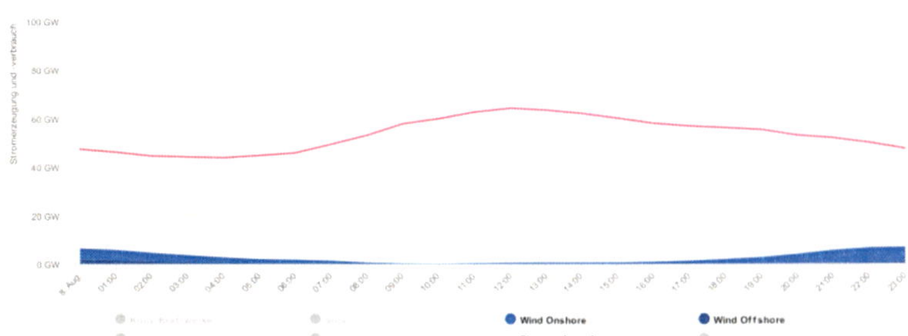

Wind-Stromerzeugung und Stromverbrauch am 08.08.2020
Agora Energiewende (2020): Agorameter

Betrachtet man die reale Erzeugung so lag die Solarstromerzeugung natürlich jede Nacht bei 0 GW. In der dunklen Jahreszeit ist die Leistung der Solaranlagen aber auch tagsüber vielfach äußerst gering.

Auch im Bereich der Windenergie ist die reale Stromerzeugung gelegentlich sehr gering. Die gesamten Windenergieanlagen an Land produzierten am 8. August 2020 gegen 10 Uhr lediglich 0,1 GW Strom, deutlich weniger noch als die vorstehend in der Tabelle für 2020 errechnete gesicherte Leistung von 0,5 GW.

Auch die Offshore-Windenergie unterbietet zeitweise noch die rechnerisch für 2020 ermittelte gesicherte Leistung von 0,3 GW: Am 17. Juli 2020 lieferten die Offshore-Anlagen gegen 21 Uhr gerade mal 0,097 GW. Am 8. August 2020 sank die Offshore-Windenergie stundenlang fast auf Null, für die Mittagszeit (12 Uhr) wird die Leistung mit 0,005 GW angegeben.[7]

Es ist, insbesondere im Winterhalbjahr jederzeit möglich, dass die gesamte volatile Stromproduktion über lange Zeiträume sehr gering ist. Zwischen dem 16. und dem 25. Januar 2017 war sowohl die Solar- als auch die Windenergieeinspeisung für einen Zeitraum von zehn Tagen extrem niedrig, während zugleich der Strombedarf zum Teil bei mehr als 80 GW lag. In diesen zehn Tagen wurde die Stromversorgung fast vollständig von konventionellen Kraftwerken übernommen, die zwischen 60 GW und 78 GW (23. Januar) Strom erzeugen mussten, obwohl damals die installierte Leistung von Wind- und Solaranlagen schon bei rund 90 GW lag.[8]

Da die Solarenergie als gesicherte Leistung regelmäßig vollkommen ausfällt, stellt sich für das Energiesystem in Deutschland ohne Speicher die Frage, welches Windenergie-Potenzial vorhanden ist. Eine Studie des Umweltbundesamts[9] aus dem Jahr 2013 ermittelte für die Windenergie an Land ein rein aus der

Landfläche sich ergebendes Potenzial von rund 1.190 GW installierbarer Leistung. Das entspräche einer gesicherten Leistung von rund 12 GW.

Mit Berücksichtigung von Schwachwindgebieten (Schwachwindanlagen) wurde in der Studie für Deutschland ein technisches Windenergie-Potenzial von 930 GW installierbarer Leistung ermittelt. Das entspräche einer gesicherten Leistung von 9,3 GW, entsprechend 12 % des aktuellen Leistungsbedarfs von rund 80 GW.

Das Umweltbundesamt betonte in der Studie, dass das „realisierbare Potenzial" deutlich geringer sei und führt folgende Faktoren an:

- räumliche Entwicklungsziele der Gebietskörperschaften (z. B. Vorranggebiete für Siedlungsentwicklung),
- Einwände und Vorbehalte der Flächeneigentümer oder Anwohner vor Ort aufgrund fehlender Akzeptanz,
- wirtschaftliche Bedingungen im konkreten Einzelfall (z. B. Investitionskosten im Verhältnis zur Windhöffigkeit)
- Nutzungsansprüche, die anhand der zugrunde liegenden Daten nicht erfasst werden konnten (z. B. zivile und militärische Funk- oder Radaranlagen sowie weitere militärische Belange).

In einer weiteren, 2019 veröffentlichten Studie[10] ermittelte das Umweltbundesamt das aus heutiger Sicht „realisierbare Potenzial" der Windenergie an Land. Dabei untersuchte die Fachbehörde „Flächen, die auf Ebene der Regionalplanung oder Bauleitplanung für die Errichtung von Windenergieanlagen festgesetzt werden".

Betrachtet man die installierbare Leistung, so liegt diese ohne Abstand zur Wohnbebauung bei 81 GW. Mit einem bzw. zwei Kilometer Abstand sinkt sie auf 63 respektive 15 GW.

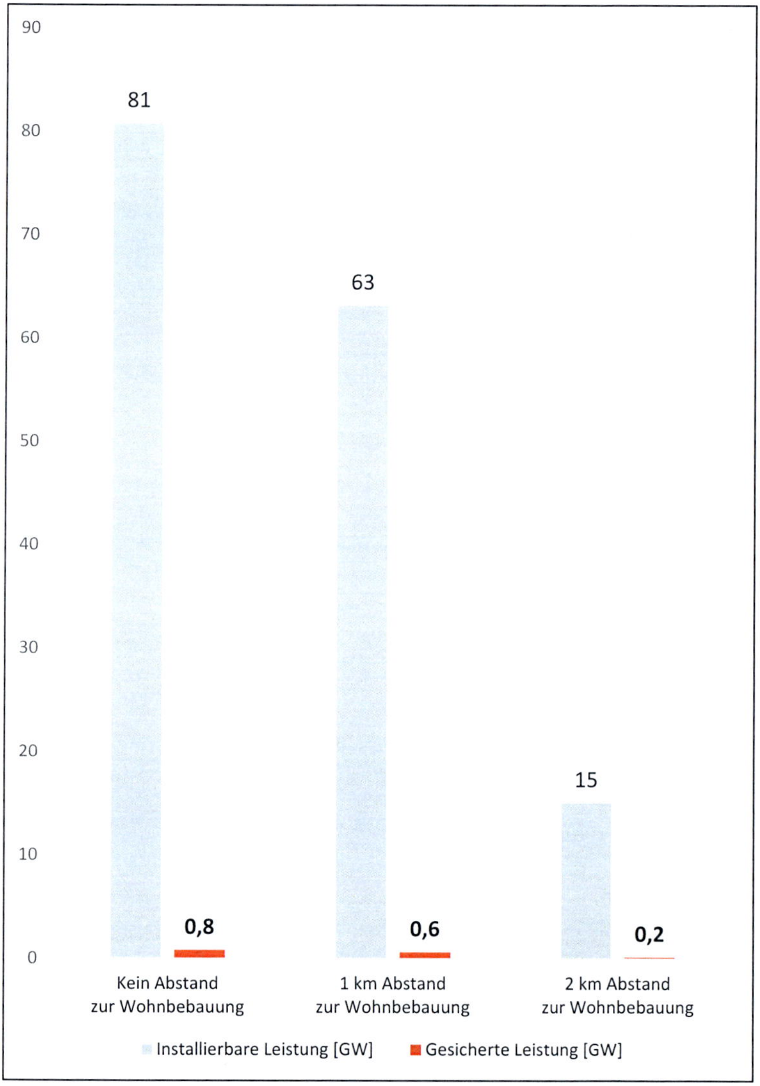

Realisierbares Potenzial der Windenergie an Land
Quellen: Umweltbundesamt 2013/2019, eigene Berechnungen
Akademie Bergstraße

Das sich somit ergebende Potenzial gesicherter Leistung (1 Prozent der installierbaren Leistung) liegt – unabhängig von der in der Politik leidenschaftlich geführten „Abstandsdiskussion" – in allen drei Fällen bei weniger als 1 GW (vgl. Diagramm).

Gefährdung der Versorgungssicherheit bislang unsichtbar

Vor dem Hintergrund der stark fluktuierenden, also unsteten Einspeisung von Wind- und Solarstrom stellt sich die Frage nach den Kapazitäten des konventionellen Kraftwerksparks. Kann dieser bei Nacht und Windflaute die Stromversorgung sicherstellen?

In der Vergangenheit war es falsch, wenn gesagt wurde, mit dem Ausstieg aus der Atomenergie würden „die Lichter ausgehen". Die Überkapazitäten im deutschen Kraftwerkspark waren jahrzehntelang so immens, dass selbst nach potenziell sofortiger Stilllegung aller Atomkraftwerke noch genügend konventionelle Kraftwerke verfügbar waren, um den Leistungsbedarf von rund 80 GW zuzüglich einer üppigen Sicherheitsreserve komfortabel abzudecken. Die Möglichkeit eines schnellen Atomausstiegs wurde in den 1980er und 1990er Jahren regelmäßig in Studien nachgewiesen.

Das hatte einen einfachen Grund: Die zahlreichen Braunkohle-, Steinkohle-, Öl-, Müll-, Wasser- und Gaskraftwerke konnten auch ohne den Atomstrom weit mehr als 80 GW Strom liefern. Die „Überkapazitäten" des deutschen Kraftwerksparks waren immens. Der Atomausstieg war daher in der Vergangenheit kein Problem für die Versorgungssicherheit.

Befürworter und Gegner der Atomenergie waren sich stets einig darin, dass die Lichter nicht ausgehen durften und dass die

Stromversorgung für die Industrie nicht beeinträchtigt werden durfte.

Tatsächlich gingen nach der Stilllegung der älteren Atomkraftwerke[11] im Jahr 2011 und in den Folgejahren keine Lichter aus, obwohl zwischen 2011 und 2020 auch einige Kohle- und Gaskraftwerke stillgelegt worden waren.

Ende 2017 sind laut Bundesnetzagentur fast 8,6 GW Kraftwerksleistung stillgelegt worden, wobei insgesamt 14 GW von den Betreibern „zur Stilllegung angezeigt“ worden waren, also stillgelegt werden sollen.[12]

Der schwankenden Einspeisung von immer mehr Wind- und Solarstrom steht derzeit noch ein stabiler, konventioneller Kraftwerkspark gegenüber.

Anfang 2020 lag die Netto-Nennleistung des verfügbaren Kraftwerksparks ohne Wind und Sonne bei rund 103 GW (vgl. Diagramm).[13]

Die volatilen erneuerbaren Energien Wind und Sonne sind also abhängig vom konventionellen Kraftwerkspark als Backup-System: Sinkt die Wind- und Solarleistung unter 10 GW, dann hängt fast die gesamte deutsche Stromproduktion vom konventionellen Kraftwerkspark ab.

So räumt auch das Bundesumweltministerium ein, dass sich die Versorgungssicherheit derzeit ausschließlich und allein auf die konventionellen Kapazitäten (einschließlich Wasser und Biomasse) stützt:[14]

„Unsere Stromversorgung ist sicher, daran wird auch die schrittweise Abschaltung von Atomkraftwerken nichts ändern. Wir haben derzeit eine gesicherte Kraftwerksleistung von weit über 100 Gigawatt. Damit stehen selbst bei vollständigem Atomausstieg im Jahr 2022 ausreichende Erzeugungskapazitäten zur Verfügung, um sicher die Maximallast von gut 80 Gigawatt in Deutschland bedienen zu können.“

Wenn also jederzeit gut 80 GW Kraftwerksleistung einsatzfähig sind und darüber hinaus noch eine Reserve von 10 bis 20 GW zur Verfügung steht, die notwendig ist, weil Kraftwerke gelegentlich auch störungsbedingt ausfallen, gewartet, repariert

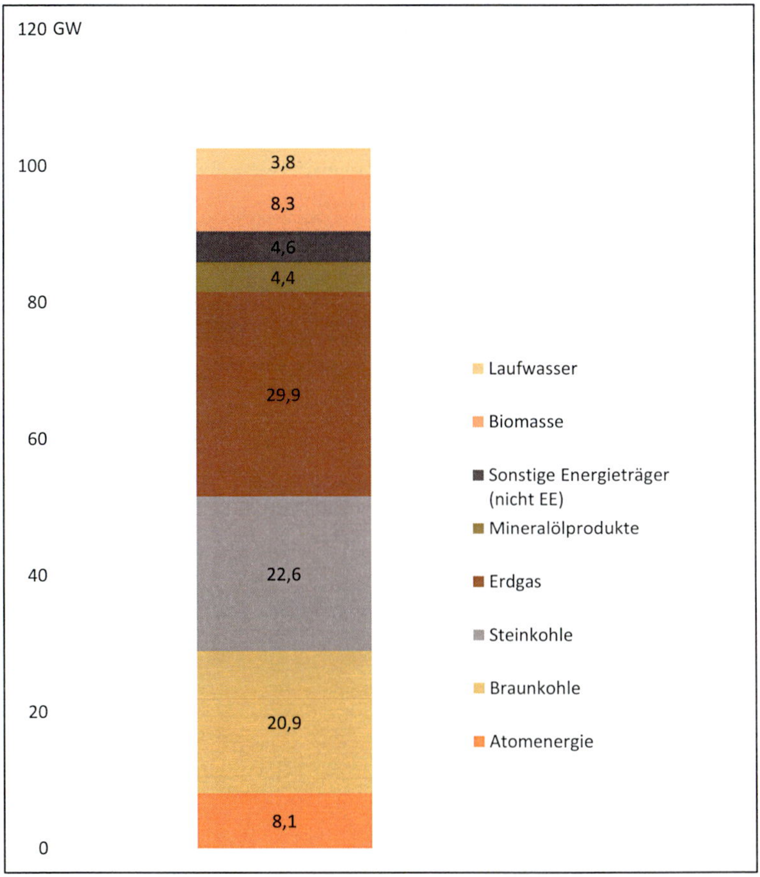

Netto-Nennleistung konventionelle Kraftwerke, Wasser u. Biomasse 2020
Quelle: Bundesnetzagentur 2020
Akademie Bergstraße

oder modernisiert werden müssen, dann ist die Versorgungssicherheit gewährleistet.

Mit den aktuell rund 100 GW gesicherte Leistung, darunter noch 8 GW der verbleibenden Atomkraftwerke, der volatilen Einspeisung durch Sonne und Wind und einer maximalen Nachfrage von 80 GW ist das deutsche Stromversorgungssystem derzeit gerade noch in einem Bereich, der als relativ versorgungssicher angesehen werden kann.

Eine mögliche Gefährdung der Versorgungssicherheit blieb daher für die Öffentlichkeit bislang unsichtbar.

Mögliche Versorgungsengpässe bis 2023

Jedes weitere Abschmelzen an gesicherter Leistung dürfte aber zunehmend zum Problem werden.

Bis Ende 2022 sollen die derzeit noch in Betrieb befindlichen Atomkraftwerke mit einer Gesamtleistung von 8 GW stillgelegt werden. Dies wäre unter dem Kriterium der Versorgungssicherheit eigentlich kein Problem gewesen, wenn nicht zusätzlich die Kohlekraftwerke politisch und die Gaskraftwerke unter den „Marktbedingungen“ unter Druck geraten wären (vgl. die oben erwähnten, bereits erfolgten Kraftwerksstilllegungen im vergangenen Jahrzehnt).

Die Stromversorgungssituation kann sich jetzt in wenigen Jahren erheblich weiter zuspitzen. Allein mit der Stilllegung der verbleibenden Atomkraftwerke werden die Überkapazitäten des deutschen Kraftwerksparks bis Ende 2022 nahezu aufgebraucht.

So heißt es im Abschlussbericht der Kohlekommission: „In der Kommission ‚Wachstum, Strukturwandel und Beschäftigung‘ besteht Einigkeit darüber, dass die nationalen Überkapazitäten mit dem Abschalten der letzten Kernkraftwerke ab dem Jahr 2023 weitgehend abgebaut sind."[15]

Hinzu kommt der 2019/2020 beschlossene Kohleausstieg. Dieser sieht vor, zusätzlich zum Atomausstieg innerhalb kürzester Zeit gewaltige Kohlekraftwerks-Kapazitäten stillzulegen. Demnach sollen bereits bis Ende 2022 die Stein- und Braunkohlekapazitäten auf nur noch 30 GW reduziert werden.[16]

Der Bundesverband der Energie- und Wasserwirtschaft (BDEW) beurteilt die Kurzfrist-Entwicklung als äußerst kritisch:

„Aufgrund bisher vorhandener Überkapazitäten im konventionellen Kraftwerkspark war die Stromversorgung in Deutschland auch in Phasen so genannter ‚Dunkelflauten' jederzeit gewährleistet. Mit dem endgültigen Kernenergieausstieg und angesichts etlicher Stilllegungen von Kohle- und Gaskraftwerken aus Altersgründen oder wegen Unwirtschaftlichkeit, wird das Überangebot an gesicherter Kraftwerksleistung Ende 2022 abgebaut sein."

Der BDEW rechnet bereits bis Ende 2022 mit einer Unterversorgung: „Nach derzeitigem Stand ist ein Zubau an Kraftwerkskapazitäten in Höhe von etwa 4,4 Gigawatt bis 2023 geplant. Dem gegenüber stehen angezeigte Stilllegungen von ca. 18,6 Gigawatt. Damit sinkt bis 2023 die konventionelle Kraftwerkskapazität von heute knapp 90 Gigawatt auf 75,3 Gigawatt. Die Jahreshöchstlast hingegen wird laut Prognose der Bundesnetzagentur dann etwa 81,8 Gigawatt betragen."[17]

	2020	**2023**
Prognose gesicherte Leistung	79-80 GW	73-75 GW
Prognose Jahreshöchstlast	81,8 GW	81,8 GW

Gesicherte Leistung und Jahreshöchstlast 2020 und 2023

Quellen: Übertragungsnetzbetreiber, Bundesnetzagentur, BDEW[18]

Laut BDEW wird es demnach schon bald eine „Lücke an gesicherter Leistung“ geben (vgl. Tabelle).

Der Branchenverband geht davon aus, dass die heute noch bestehenden Überkapazitäten in wenigen Jahren nicht nur vollständig abgebaut sein werden. Vielmehr laufe man sehenden Auges spätestens im Jahr 2023 „in eine Unterdeckung bei der gesicherten Leistung“.[19]

In vergleichbarer Weise kommt auch eine Studie im Auftrag des Bundesverbands Solarwirtschaft zum Ergebnis, dass aufgrund der Verringerung konventioneller Erzeugungskapazitäten sowie der steigenden Stromnachfrage „bereits ab 2022“ eine „Stromlücke“ entstehen kann, die bis zum Jahr 2030 anwächst.[20]

Die Unternehmensberatung McKinsey schreibt: „Akut wird das Versorgungsproblem schon bald mit dem Abschalten der letzten Atom- und ersten Kohlekraftwerke.“[21]

Ein schwieriges Jahrzehnt bis 2030

Bis 2030 soll die gesamte Braun- und Steinkohle-Kraftwerkskapazität dann in wenigen Jahren weiter auf nur noch insgesamt 17 GW abgeschmolzen werden.

Nach Einschätzung des BDEW bedeutet das: „Im Gegensatz zur heutigen Situation können Stilllegungen konventioneller Kraftwerke nach 2022 in Phasen von ‚Dunkelflauten‘, nicht mehr durch andere, bestehende konventionelle Kraftwerke kompensiert werden.“[22]

Sollte es nicht gelingen, sehr schnell und in erheblichem Maße Gaskraftwerks-Kapazität zuzubauen, dann ist es möglich, dass im Jahr 2030 die gesicherte Leistung des deutschen Stromversorgungssystems deutlich unter 70 GW abfällt.

Diese an sich schon dramatische Situation könnte sich noch wesentlich verschärfen, wenn sich die Strombedarfsspitzen weiter erhöhen würden.

Nach Einschätzung der Deutschen Energie-Agentur (Dena) könnte die Jahreshöchstlast bis zum Jahr 2030 auf 99 GW ansteigen („Technologiemixszenarien"). Hintergrund sind die zunehmenden Elektroanwendungen in den Sektoren Gebäude und Verkehr. Bei einer noch stärkeren Elektrifizierung dieser Sektoren könnte die Höchstlast bis 2030 sogar auf bis zu 123 GW ansteigen („Elektrifizierungsszenarien") [23]

Innerhalb der nächsten 10 Jahre könnte sich daher unter den vorstehenden Randbedingungen und Annahmen eine „Stromlücke" von 30 bzw. 50 GW auftun (ohne Berücksichtigung der darüber hinaus notwendigen Reservekraftwerkskapazität).

Das Bundeswirtschaftsministerium sieht das Problem offiziell nicht. Der Monitoringbericht zur Versorgungssicherheit Strom zeige, „dass die Stromverbraucher in Deutschland auch beim weiteren Umbau unserer Energieversorgung sicher mit Elektrizität versorgt werden können", heißt es in einer Pressemitteilung vom Juli 2019.[24]

Die Expertenkommission zum Monitoring-Prozess „Energie der Zukunft" unter Leitung von Prof. Dr. Andreas Löschel sieht die Aussagen der Bundesregierung zur Versorgungssicherheit allerdings nicht ganz unkritisch.

So versichere die Bundesregierung, dass die Versorgung mit Strom - auch unter Berücksichtigung der Empfehlungen der Kohlekommission - in den nächsten Jahren auf hohem Niveau gewährleistet sei. Doch fehle „eine umfassende Darstellung, wie die Bundesregierung zu dieser Schlussfolgerung gelangt". Die Einschätzung der Bundesregierung zur Versorgungssicherheit müsse „mit objektiven Fakten und einer transparenten Indikatorik" hinterlegt werden, forderten die Experten im Mai 2019.

Zudem kündige das Eckpunktepapier zur Umsetzung der Empfehlungen der Kohlekommission eine Reihe von Maßnahmen zur Gewährleistung der Versorgungssicherheit an. "Damit scheint die Versorgungssicherheitslage der Bundesregierung doch nicht so eindeutig, wie im Fortschrittsbericht dargestellt", folgert die Expertenkommission.[25]

Sehr viel deutlichere Worte findet die internationale Unternehmensberatungsgesellschaft McKinsey in ihrem „Energiewende-Index" vom September 2019:

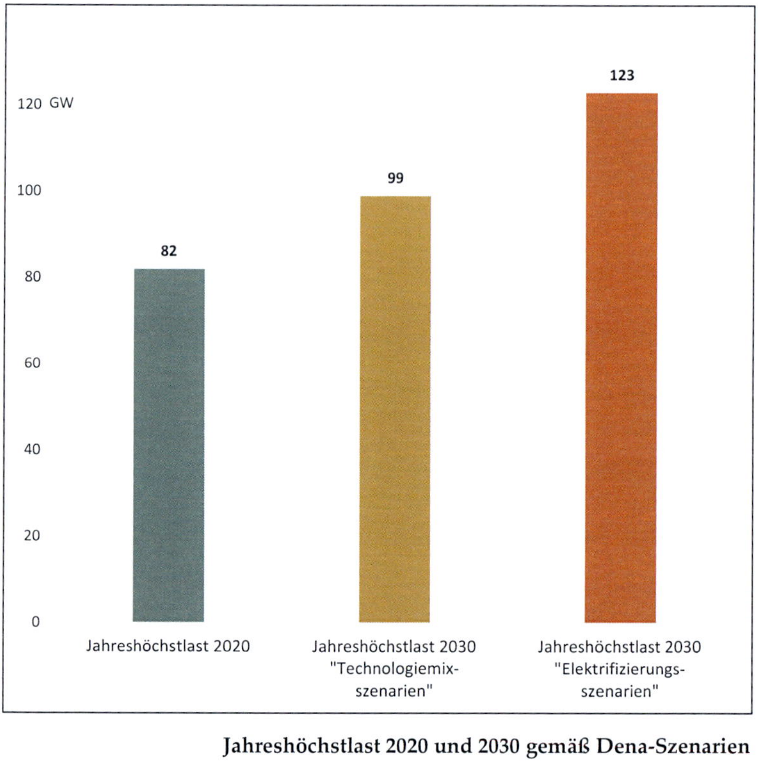

Jahreshöchstlast 2020 und 2030 gemäß Dena-Szenarien
Quelle: Dena 2018
Akademie Bergstraße

„Der beschlossene Kohleausstieg sieht die Abschaltung von 29 Gigawatt (GW) Kohlekapazität bis 2030 und weiteren 17 GW bis 2038 vor. In den nächsten zehn Jahren gehen somit im Zuge des Atom- und Kohleausstiegs rund 43 % der gesamten gesicherten Leistung des Jahres 2018 vom Netz. Ohne ausgleichende Maßnahmen ist die Versorgungssicherheit in Deutschland in Gefahr. Bis 2030 werden Modellrechnungen zufolge zusätzliche Kapazitäten von 17 GW benötigt, um die Stilllegungen zu kompensieren, um Schwankungen bei den Erneuerbaren auszugleichen und Spitzenlasten abzufedern. Sonst können schon ab Mitte des kommenden Jahrzehnts erste Engpässe auftreten, die sich bis 2030 verschärfen könnten."

Vor allem mit Blick auf 2023, wenn das letzte Atomkraftwerk abgeschaltet und voraussichtlich die erste Phase des Kohleausstiegs umgesetzt sein wird, gibt es McKinsey zufolge „akuten Handlungsbedarf". Deutschland drohe ein „Versorgungsengpass".[26]

Stand der Energieeffizienz-Politik

Eine der tragenden „Säulen der Energiewende" sollten das Energiesparen bzw. die „rationelle Energienutzung" sein. Man hoffte einst – trotz Wirtschaftswachstum –, den allgemeinen Energie- und den Stromverbrauch durch energie-effiziente Techniken um mehr als die Hälfte reduzieren zu können.

„Fünfmal so viel Wohlstand aus einer Kilowattstunde", versprach Ernst-Ulrich von Weizsäcker 2010 durch eine „Effizienzrevolution". Schon 1995 lautete ein Buchtitel „Faktor vier. Doppelter Wohlstand – halbierter Naturverbrauch".[27]

Es stellt sich die Frage, wie der aktuelle Stand des Energiesparens bzw. der Energieeffizienzpolitik ist, rund fünf Jahrzehnte, nachdem in den 1970er Jahren während der Ölpreiskrise das Energiesparen quasi zum Staatsziel ausgerufen worden war.

Nimmt man die Zahlen des Umweltbundesamts bzw. der AG Energiebilanzen, so ist der gesamte Endenergiebedarf in Deutschland zwischen 1990 und 2016, also in gut 25 Jahren, lediglich sehr geringfügig zurückgegangen, von 9.471 Petajoule (PJ) auf 9.152 PJ.

Der Stromverbrauch ist zwischen 1990 und 2018 von 455 Terawattstunden pro Jahr (TWh/a) auf 513 TWh/a deutlich angestiegen. Der maximale Strombedarf in dieser Zeitspanne war im Jahr 2008 mit 524 TWh/a.[28]

Davon, dass die „Effizienzrevolution“ den Stromverbrauch drastisch absenken würde, kann also keine Rede sein. Der Stromverbrauch stieg vielmehr nennenswert an, trotz der in der Öffentlichkeit nur teilweise wahrgenommenen, vielfältigen und systematischen Maßnahmen zur Effizienzsteigerung bei Stromanwendungen.

Ein Grund, warum die Energieeffizienzpolitik die Erwartungen nicht erfüllt, liegt am so genannten Rebound-Effekt. Dies ist der Anstieg des Energieverbrauchs gerade aufgrund von Effizienzsteigerungen. Denn durch die Erhöhung der Energieeffizienz werden Anreize geschaffen, mehr Energie zu nutzen.

Der direkte Rebound-Effekt, auch Preiseffekt genannt, entsteht dadurch, dass eine Effizienzverbesserung in der Bereitstellung eines Gutes oder Services immer auch dessen Nutzung verbilligt. Das macht den Konsum attraktiver und führt zu einem Mehrverbrauch an Energie an anderer Stelle.

Der indirekte Rebound ist ein Einkommenseffekt. Die verbilligte Nutzung einer Energiedienstleistung infolge einer Steigerung der Effizienz erhöht das verfügbare Einkommen des Endenergieverbrauchers. Dies ermöglicht eine allgemeine Ausweitung des Konsums und somit auch des Energieverbrauchs.

Beim gesamtwirtschaftlichen Rebound-Effekt ist die eingesparte Energie als zusätzliches Angebot auf dem (weltweiten) Markt. Das zusätzliche Angebot senkt den Preis, was die Nachfrage stimuliert. Mit anderen Worten: Was einer spart, verbraucht ein anderer.[29]

Den Rebound-Effekte zu quantifizieren, ist sehr schwierig.[30] Die Erfahrungen der vergangenen Jahrzehnte deuten jedoch recht klar darauf hin, dass eine Energie-Effizienzpolitik keine maßgebliche „Säule der Energiewende" ist, auf die man sich verlässlich stützen könnte.[31]

Relative Erfolge der Wind- und Solarenergie

Angesichts der bemerkenswerten Erfolge beim Ausbau der erneuerbaren Energien in den vergangenen zwei Jahrzehnten möchte man der vorstehend pessimistischen Betrachtungsweise kaum folgen. Sie erscheint – zugegebenermaßen – extrem unglaubhaft angesichts der sonst publizierten Zahlen und Erfolgsmeldungen nicht nur aus der Erneuerbare-Energien-Branche, sondern auch seitens der Bundesregierung.

Laut Umweltbundesamt wurden 2019 insgesamt 452 Terawattstunden aus erneuerbaren Energien bereitgestellt. Dies entsprach über 17 Prozent des Brutto-Endenergiebedarfs in Deutschland. Von dieser Energiemenge entfielen etwa 54 Prozent (oder 244 TWh) auf die Stromproduktion, ca. 39 Prozent (oder 176 TWh) auf den Wärmesektor und etwa 7 Prozent auf biogene Kraftstoffe im Verkehrsbereich (32 TWh).[32]

Mehr noch: Deutschland war in den letzten Jahren wegen des enormen Ausbaus der Wind- und Solarenergie Netto-Stromexporteur. Das heißt, dass unterm Strich mehr Strom ins benachbarte Ausland exportiert als importiert wurde.

Das erweckt den Eindruck, als stünde Deutschland mit seiner gewaltigen Wind- und Solarstromproduktion besser da als seine europäischen Nachbarstaaten.

Diese Betrachtungsweise hat aber zwei Haken: Erstens sind die Netto-Stromexporte seit 2017 rückläufig.

Zweitens sind weder die Stromerzeugungsmengen in Terawattstunden pro Jahr noch die exportierten oder importieren Strommengen relevant für die alles entscheidende Frage, ob „zum Zeitpunkt x", beispielsweise an einem Abend im Januar bei Windflaute, 80 oder gar 120 GW Strom ins Netz eingespeist werden können oder nicht.

Windpark Druiberg bei Dardesheim, Sachsen-Anhalt
TeWeBs / CC BY-SA (https://creativecommons.org/licenses/by-sa/3.0)1

Die brutale physikalische Wahrheit ist: Die irgendwann einmal durch eine Wind- oder Solaranlage überschüssig erzeugte Kilowattstunde Strom kann auch in dem „intelligentesten" Stromnetz nicht „aufbewahrt" werden.

Vielmehr gilt: Bei Windflaute in der Nacht können die Verbraucher selbst mit dem intelligentesten Stromnetz keinen Wind- oder Solarstrom aus ihrer Steckdose ziehen. Der möglicherweise tagsüber bei viel Sonne und Wind erzeugte Überschussstrom ist am Abend bzw. nachts nicht mehr „im Netz".

Das bedeutet: Die Stromerzeugungsmenge der erneuerbaren Energien ist kein Indikator für Versorgungssicherheit.

Auch ein Achtungserfolg wie beispielsweise in der Zeit vom 20. bis zum 22. April 2020, als Wasser, Biomasse, Wind und Sonne jeweils mittags kurzzeitig rund 70 GW Strom erzeugten, ist kein Hinweis für eine bevorstehende Versorgungssicherheit auf der Basis erneuerbarer Energien.

Die extreme Herausforderung eines Stromversorgungssystems besteht darin, dass zu jedem x-beliebigen Zeitpunkt stets die Stromerzeugungskapazität zur Verfügung stehen muss, die im selben Moment gerade von den Verbrauchern abgerufen wird.

Insbesondere muss die Stromversorgung auch in Phasen gewährleistet sein, in denen über einen längeren Zeitraum außerordentlich wenig Strom aus Wind und Sonne auf eine kältebedingt hohe Nachfrage trifft (sogenannte kalte Dunkelflaute).

Nach den Szenarien der Deutschen Energie-Agentur (Dena) geht es hierbei perspektivisch um gewaltige Größenordnungen: „Die durchschnittliche Spitzenleistung während der zweiwöchigen kalten Dunkelflaute beträgt im Jahr 2050 etwa 90 GW in den Technologiemixszenarien beziehungsweise 150 GW in den Elektrifizierungsszenarien."[33]

Das bedeutet: Wird die Elektrifizierung des Gebäude- und Verkehrssektors wie derzeit geplant umgesetzt, dann muss das Stromversorgungssystem bei Fehlen von Wind und Sonne dazu in der Lage sein, bis zu 150 GW Elektrizität auf andere Weise zu erzeugen.

2. Hilfe aus dem Ausland?

Mit zunehmender Selbstverständlichkeit geht man davon aus, dass kurzzeitige Defizite der erneuerbaren Stromproduktion in Deutschland durch Importe aus dem europäischen Ausland ausgeglichen werden können.

Ist aber tatsächlich gewährleistet, dass das Ausland jederzeit zuverlässig einspringen kann? Ist gewährleistet, dass in Zukunft notfalls mehrere Dutzend GW importiert werden können? Liefert das EU-Ausland, wann immer die deutschen Netzbetreiber entsprechende Anfragen stellen?

Manche Studien zur Energiewende gehen auch während einer Dunkelflaute in Deutschland von weitreichend verfügbaren Stromimporten aus dem europäischen Stromnetz aus. In den vom Bundeswirtschaftsministerium beauftragten Langfrist- und Klimaszenarien beträgt die Importleistung beispielsweise auch in der Dunkelflaute in der Spitze rund 50 GW Strom.[34]

Ist das auch nur ansatzweise realistisch? Und was ist das überhaupt für Strom, der aus den Nachbarländern importiert wird? Ist dieser Strom erneuerbar?

Aktuelle Atomstrom-Importe

In Deutschland wurden nach Fukushima im Jahr 2011 eine Reihe älterer Atomkraftwerke endgültig stillgelegt. Die übrigen, neueren Atomkraftwerke sollen bis Ende 2022 endgültig vom Netz gehen.

Dieser Atomausstiegs-Beschluss von 2011 war aus damaliger Sicht kein Problem bezüglich der Versorgungssicherheit, weil noch genügend konventionelle Kraftwerkskapazitäten vorhanden waren, um die Spitzenlast auch ohne Atomstrom jederzeit abzudecken.

Allerdings importiert Deutschland schon seit den 1990er Jahren in begrenztem Umfang Strom aus Frankreich. Die Deutsche Bank hatte Anfang der 1990er Jahre einen Deal für den Import billigen Atomstroms aus Frankreich zugunsten der stromintensiven deutschen Industrie eingefädelt.

Schon seit den 1950er Jahren wird in Banken und Industriekreisen eine „gesamt-europäische Kraftwerksplanung" propagiert. Seit den 1980er Jahren ging es hierbei beispielsweise auch darum, „schmutzige" Kohlekraftwerke nicht länger in Deutschland, sondern im benachbarten Ausland zu betreiben und den Kohlestrom nach Deutschland zu importieren.[35]

Atomkraftwerk Cattenom, Frankreich

Foto: Felix König / CC BY (https://creativecommons.org/licenses/by/3.0)

Seit langer Zeit arbeitet auch die EU daran, die Lücken im europäischen Stromverbundnetz zu schließen und den grenzüberschreitenden Stromaustausch zu intensivieren („Energieunion"). Trotz des Ziels eines EU-Binnenmarkts wird aber bis heute nur in begrenztem Maß Strom zwischen den EU-Mitgliedstaaten ausgetauscht. Die Mitgliedstaaten der EU betrachten ihre Energieversorgung als strategisch sensible Infrastruktur und haben der EU daher nur sehr eingeschränkte Befugnisse übertragen.

Auch sind rein technisch die Möglichkeiten für Stromimporte, also die Kapazität der so genannten Grenzkuppelstellen bislang noch stark limitiert. Die mittlere verfügbare Import-Übertragungskapazität lag im Jahr 2013 an den deutschen Grenzen bei lediglich etwa 13 GW (netto).[36]

Selten nur werden wirklich große Strommengen importiert, wie zum Beispiel 10 GW in den Morgenstunden des 20. Mai oder 12 GW am 27. Mai 2020. Üblicherweise bewegen sich die Stromimporte derzeit im Spektrum bis etwa 8 GW.[37]

Das Pikante daran: Auf diese Weise importiert Deutschland regelmäßig auch Atomstrom.

So wird recht viel Strom aus Frankreich, Tschechien und der Schweiz importiert. Der französische Strommix besteht zu rund 80 Prozent aus Atomstrom, der tschechische zu rund 34 Prozent und der Schweizer zu etwa 36 Prozent.

Auch aus Schweden fließt etwas Strom nach Deutschland, der zu rund 40 Prozent aus Atomstrom besteht.[38]

So entsteht die paradoxe Situation, dass in Deutschland Atomkraftwerke stillgelegt werden, bei Strommangel aber auf Atomstrom aus dem benachbarten Ausland zurückgegriffen wird.

Der deutsche Atomausstieg wird also konterkariert.

Werden in Deutschland weiterhin Kraftwerke wie geplant stillgelegt, dann dürfte die Abhängigkeit vom Ausland weiter zunehmen. Jedenfalls war es die Vorstellung des

Bundeswirtschaftsministeriums vor wenigen Jahren, dass die Versorgungssicherheit in Zukunft nicht mehr national, sondern im europäischen Verbund gewährleistet wird: „Strom fließt zwischen den Ländern und wird an der Börse grenzüberschreitend gehandelt“, heißt es in einem Strategiepapier des Ministeriums mit dem Titel „Strom 2030“ vom Mai 2017.

Konkret bedeutet das: „Grenzüberschreitende Leitungen vernetzen uns mit den europäischen Nachbarn, um flexible Strommärkte europaweit zu nutzen und unsere Stromversorgung abzusichern.“

In den kommenden Jahren wachse der Strombinnenmarkt noch enger zusammen. Zusätzliche, „insbesondere osteuropäische, Länder“ beteiligten sich an der Marktkopplung und die Börsenprodukte glichen sich weiter an. Damit nehme der grenzüberschreitende Stromhandel weiter zu. Der weitere Ausbau der grenzüberschreitenden Stromnetze ermögliche, physikalisch mehr Strom zwischen den Ländern auszutauschen.[39]

In mehreren osteuropäischen Staaten gibt es Pläne zum Ausbau der Atomenergie. Sowohl Tschechien als auch Ungarn und Polen wollen ihren Kernkraftanteil am Strommix erhöhen. Tschechien plant den Bau von zwei neuen Atomreaktoren an den Standorten Temelin und Dukovany, Ungarn am Standort Paks. Polen erwägt den Einstieg in die Atomenergie.

Bei einem solchen Szenario würde Deutschland seine letzten Atomkraftwerke stilllegen, nur um anschließend vermehrt Atomstrom aus dem benachbarten Ausland einzuführen.

Ob es so kommt, ist ungewiss. Es wird davon abhängen, ob ein Atomausstieg europaweit durchgesetzt werden wird, oder ob es umgekehrt durch einen „European Green Deal“ der EU-Kommission eine Neuorientierung hin zur Atomenergie geben wird.

Aktuelle Kohlestrom-Importe

Ebenso wie bei der Atomenergie stellt sich auch hinsichtlich des deutschen Kohleausstiegs die Frage, ob dieser durch Kohlestromimporte teilweise konterkariert wird.

Die Stromimporte aus Tschechien beispielsweise bedeuten, dass nicht nur 35 Prozent Atomstrom nach Deutschland fließt, sondern im Strommix sogar rund 52 Prozent Kohlestrom. Lieferungen aus Dänemark haben einen etwa 20-prozentigen Kohlestrom-Anteil. Die recht kräftigen Stromimporte aus den Niederlanden etwa im Juli 2020 (im Bereich von 4 GW und mehr) bestanden zu rund 12 Prozent aus Kohlestrom, wenn man den aktuellen Strommix des Landes zugrunde legt (vor Jahren waren es noch 29 Prozent).

Die Frage ist, ob Deutschland in Zukunft vermehrt mit Kohlestrom aus seinen Nachbarländern versorgt werden wird.

Nach Angaben des deutschen Wirtschaftsministeriums wird der bestehende Strommarkt zu einem Strommarkt 2.0 weiterentwickelt. Es wurde eine „Grundsatzentscheidung" getroffen, wonach ein „Kapazitätsmarkt" abgelehnt und ein liberalisierter, europäischer Strommarkt angestrebt wird." Das bedeutet: Man importiert bei Bedarf Strom aus den Nachbarländern und hält nicht primär selbst konventionelle Stromerzeugungs-Kapazitäten vor, um bei Bedarf „einzuspringen".

Man setzte – zumindest 2015 – dabei sehr klar auf konventionelle Kraftwerke im Ausland als Ergänzung zu der eigenen erneuerbaren Stromerzeugung: „Fossile Kraftwerke bekommen eine neue zentrale Rolle als Partner der erneuerbaren Energien", schrieb das Wirtschaftsministerium im Juli 2015 in seinem Weißbuch mit dem Titel „Ein Strommarkt für die Energiewende".

Ferner heißt es in dem Papier: „Konventionelle Kraftwerke und erneuerbare Energien ergänzen sich in der zukünftigen Stromversorgung".

Mit dem wachsenden Anteil der Stromerzeugung aus erneuerbaren Energien werde zwar der Anteil der Stromerzeugung aus fossilen Energieträgern sinken. „Sie spielen aber eine ganz entscheidende Rolle bei der Integration der erneuerbaren Energien in den Strommarkt, indem sie deren fluktuierende Erzeugung ergänzen und ausgleichen."[40]

Nach dieser Planung vor einigen Jahren sollte die „Energiewende" in Deutschland auf einen Mix aus erneuerbaren Energien mit konventionellen Kraftwerken hinauslaufen, die teilweise im benachbarten Ausland betrieben werden. Die erneuerbaren Energien sollten bis 2050 zwar 80 Prozent des Stroms liefern, konventionelle Energien nur maximal 20 Prozent.

Allerdings sollten konventionelle Kraftwerke im In- und Ausland die Stromproduktion bei ausbleibendem Wind und unzureichender Sonneneinstrahlung übernehmen. So jedenfalls sah es eine Studie der Deutschen Energie-Agentur (Dena) aus dem Jahr 2012 vor.[41]

Allerdings könnte es in der deutschen Bundesregierung und in der EU-Kommission inzwischen eine gewisse Umorientierung gegeben haben. Der 2019/2020 beschlossene Kohleausstiegsfahrplan sieht eine sehr zügige Beendigung der Kohleverstromung in Deutschland vor, und man erhebt seitens der deutschen Bundesregierung zunehmend auch den Anspruch eines zügigen, gesamteuropäischen Kohleausstiegs.

Ein „European Green Deal" der EU-Kommission könnte dafür sorgen, dass europaweit ein Kohlausstieg durchgesetzt werden wird.

Andererseits ist es auch denkbar, dass sich zahlreiche europäische Staaten, insbesondere in Osteuropa, weiterhin weigern werden, auf ihre Kohleverstromung zu verzichten. Diese Auseinandersetzungen in der Europäischen Union um einen Kohleausstieg bergen erhebliches Konfliktpotenzial.

Sollte es dabei bleiben, dass Deutschland aus der Kohleverstromung aussteigt, einige Nachbarstaaten jedoch nicht, dann wäre der deutsche Kohleausstieg primär Symbolpolitik: Man bekäme den Kohlestrom durch Importe wieder durch die Hintertür.

Das Ausland kann vermutlich nicht helfen

Aktuell schon stützt man sich in Deutschland zum Ausgleich der fluktuierend einspeisenden Wind- und Solaranlagen auf den Stromaustausch mit den Nachbarländern. Dabei stellt sich die Frage, ob diese, wenn in Deutschland Strom benötigt wird, stets auch Strom liefern können.

Mitte Januar 2017 war es gleichzeitig sowohl in Frankreich als auch in Süddeutschland zu einer kritischen Versorgungssituation gekommen.

Gründe für die schwierige Lage in Süddeutschland waren eine relativ niedrige Stromerzeugung aus Windenergie, die Nichtverfügbarkeit einiger großer Kraftwerksblöcke, darunter das Atomkraftwerk Philippsburg-2, und die begrenzte Einsatzfähigkeit der Steinkohlekraftwerke im Süden aufgrund niedriger Kohlelagerbestände, die aus hohen Redispatchanforderungen und Engpässen beim Kohletransport (anhaltendes Niedrigwasser der Flüsse) resultierten.

In dieser Situation konnte Frankreich keinen Strom nach Süddeutschland liefern, da das Land selbst sehr viel Strom importieren musste. Hintergrund war, dass bei hohem Strombedarf im Januar fünf französische Atomkraftwerke mit einer Leistung von insgesamt 5,5 GW wegen Wartungs- und Prüfarbeiten nicht verfügbar waren (hinzu kamen „weitere Nichtverfügbarkeiten").

In Süddeutschland musste man schließlich auf Stromlieferungen von Kraftwerken in Nordrhein-Westfalen zurückgreifen, was an die Grenzen der Kapazitäten der Stromtrassen ging. Diese Transporte elektrischer Energie führten am 18. Januar 2017 während einiger Stunden dazu, dass die Übertragungsnetze in Nordrhein-Westfalen und im Südwesten Deutschlands (Regelzonen Amprion und TransnetBW) nicht (n-1)-sicher[42] betrieben werden konnten.

Schließlich musste „zur Beherrschung der Situation" auf die Stromeinspeisung weiterer Reservekraftwerke zurückgegriffen werden. Dabei wurden bis zu 3,3 GW der maximal noch verfügbaren 4,9 GW Reservekraftwerksleistung beansprucht, „um die Sicherheit und Zuverlässigkeit des elektrischen Versorgungssystems aufrechtzuerhalten".[43]

Die Umstände im Januar 2017 waren sicherlich ungewöhnlich und man konnte sich noch auf einen großen konventionellen Kraftwerkspark im In- und Ausland stützen. Doch die bereits relative Knappheit an gesicherter Leistung in Süddeutschland in Verbindung mit den Kapazitätsengpässen im benachbarten Frankreich demonstrieren eindrucksvoll, wie schnell der Strom aus dem Ausland ausbleiben und dies eine gefährliche Situation auslösen kann.

Für die Zukunft stellt sich die Frage, ob das benachbarte Ausland so wie heute noch regelmäßig und relativ verlässlich gewisse Mengen Strom liefern kann. Es ist sogar möglich, dass im Zuge der Energiewende zeitweise immer größere Strommengen importiert werden müssten.

Die Relevanz der Frage nach der Möglichkeit großer Stromimporte erschließt sich vielleicht nicht für jeden. Denn als relevantes Erfolgsmerkmal der Energiewende wird vielfach auf die

Netto-Stromexporte in den vergangenen Jahren aufgrund der großen Wind- und Solarstromproduktion verwiesen.

Tatsächlich ist Deutschland derzeit noch Netto-Stromexporteur. Werden aber die geplanten Stilllegungen umgesetzt, dann dürfte sich das sehr schnell ändern. Die Deutsche Energie-Agentur (Dena) geht davon aus, dass bis 2030 „deutliche Stromimportüberschüsse zu erwarten" sind. „In 2030 importiert der deutsche Strommarkt 92 TWh mehr als er exportiert. Die aktuell zum Teil deutlichen Exportüberschüsse gehören damit der Vergangenheit an. Die Gründe: Die nationalen Klimaziele sorgen im TM80-Szenario für einen Rückgang der Kohleverstromung um mehr als 60%. Daneben bedingen der Ausstieg aus der Kernenergie und eine steigende Stromnachfrage, dass ein deutlicher Anstieg der Stromimporte notwendig wird."

Im „Elektrifizierungsszenario" kam die Dena sogar zum Ergebnis, dass Deutschland 2030 unterm Strich 116 TWh mehr importiert als exportiert. „Ursächlich dafür sind die rückgängige Erzeugung aus der Kernenergie sowie der marktgetriebene Rückgang bei der Kohleverstromung bei einer gleichzeitig stark steigenden Stromnachfrage."[44]

Dabei wird anhand der Export-Import-Nettobilanz die volle Tragweite des Problems noch nicht einmal erkennbar. Denn es geht ja nicht um die Differenz zwischen Ausfuhr und Einfuhr von Strom, sondern darum, ob an einem trübem und windarmen Dezembertag, wenn also Sonne, Wind, Wasser und Biomasse zusammen nur 10 GW einspeisen, ein Großteil des gestiegenen Bedarfs von insgesamt vielleicht 90 oder auch 100 GW importiert werden kann.

Ein relevanter Parameter bei der Berechnung der notwendigen gesicherten Leistung ist dabei laut Dena, bis zu welcher Höhe auf Stromimporte aus dem europäischen Ausland gesetzt werden kann. Während manche Studien Importkapazitäten zur

Gewährleistung der Versorgungssicherheit nicht oder nur gering berücksichtigen, gehen andere Studien auch während einer Dunkelflaute in Deutschland von weitreichend verfügbaren Stromimporten aus dem europäischen Stromnetz aus.

In den vom Bundeswirtschaftsministerium beauftragten Langfrist- und Klimaszenarien beträgt die Importleistung beispielsweise auch in der Dunkelflaute in der Spitze rund 50 GW Strom. Das heißt: Das Bundeswirtschaftsministerium ging bei der Beauftragung dieser Szenarien davon aus, dass die Nachbarländer Deutschlands 50 GW gesicherte (konventionelle) Kraftwerksleistung vorhalten würden, auf die der deutsche Strommarkt unter allen Umständen zuverlässig zurückgreifen könnte.

In großen Teilen der Energiewirtschaft und Wissenschaft wird diese Annahme angesichts der aktuellen Politik Europas als unrealistisch betrachtet.

In der „Dena-Leitstudie Integrierte Energiewende“ gingen die beteiligten Fachleute davon aus, dass man die Versorgungssicherheit künftig nicht auf Stromimporte stützen kann: „Aufgrund hoher Spitzenlast im Ausland wird in Abstimmung mit den Studienpartnern angenommen, dass Stromimporte keinen nachhaltigen Beitrag zur Deckung der Stromnachfrage in einer zweiwöchigen Dunkelflaute leisten können.“ Es wurde daher die eher restriktive Annahme definiert, dass zur Deckung des Leistungsbedarfs Stromimporte mit maximal 5 GW Leistung möglich sind.“[45]

Eine wichtige Voraussetzung für Versorgungssicherheit ist laut Dena zwar grundsätzlich „das weitere Zusammenwachsen des europäischen Strombinnenenergiemarkts.“ Dies ermögliche, sich in Knappheitssituationen gegenseitig zu stützen und Leistung grenzübergreifend bereitzustellen. „Herausforderung“ sei dabei allerdings „die EU-weit hohe Gleichzeitigkeit von Dunkelflaute und hoher Nachfrage, zum Beispiel aufgrund zunehmender Elektrifizierung."[46] Mit anderen Worten, mehrere Länder Europas können künftig bei großflächigen Dunkelflauten gleichzeitig einen hohen Importbedarf haben.

Die „Kohlekommission" hat unter Mitwirkung von Greenpeace, BUND, DNR und Öko-Institut deutlich darauf hingewiesen, dass die Stromexporte der letzten Jahre kein Beleg für eine hohe Versorgungssicherheit durch erneuerbare Energien sind: „Auch der über das Jahr aggregierte Stromexportsaldo ist ein unzureichendes Maß für die Versorgungssicherheit. Dies gilt umso mehr, je höher der Anteil von fluktuierenden und dargebotsabhängigen Energieträgern am Strommix ist."

Anstelle von Jahresbilanzen komme es vielmehr auf die Betrachtung von Extremsituationen in Europa an: „Für die Bewertung der Versorgungssicherheit sollten daher vielmehr Extremsituationen betrachtet werden. So muss die Stromversorgung auch in Phasen gewährleistet sein, in denen über einen längeren Zeitraum außerordentlich wenig Strom aus Wind und Sonne auf eine kältebedingt hohe Nachfrage trifft (sogenannte kalte Dunkelflaute). Dabei sollte außerdem berücksichtigt werden, dass Hochlastsituationen in den Ländern Zentral- und Westeuropas auch gleichzeitig bestehen können. Auch wetterbedingte Effekte (zum Beispiel Kältewelle, Trockenheit) treten in der Regel aufgrund ihrer Großflächigkeit zeitgleich in vielen europäischen Ländern auf."[47]

Auch der BDEW nahm 2018 zur „Verfügbarkeit ausländischer Kraftwerkskapazitäten für die Versorgung in Deutschland" Stellung und stellte fest: „Im Zusammenhang mit etwaigen Stromimporten Deutschlands in Engpasssituationen ist außerdem zu berücksichtigen, dass Hochlastsituationen in den Ländern Zentral- und Westeuropas oft gleichzeitig bestehen. Auch wetterbedingte Effekte (z. B. Kältewelle, Trockenheit) treten in der Regel aufgrund ihrer Großflächigkeit zeitgleich in vielen europäischen

Ländern auf. Die gegenseitige Verfügbarkeit von gesicherter Leistung aus dem Ausland ist daher relativ klein. Hinzu kommt, dass die meisten Staaten für die nächsten Jahre mit einer wachsenden oder zumindest stabilen Höchstlast rechnen. Auch dies bindet die vorhandenen Kraftwerkskapazitäten im eigenen System.“[48]

Die frühere Annahme, dass der Wind schon immer irgendwo in großen Teilen Europas kräftig weht und die Sonne tagsüber ebenfalls in ausreichend großen Teilgebieten kräftig scheint, ist insofern von der Realität überholt.[49]

Der damalige BDEW-Hauptgeschäftsführer Stefan Kapferer sagte 2018: „Wer dagegen verstärkt auf den Import von Strom aus unseren Nachbarländern setze, müsse wissen: ‚Auch im EU-Ausland wird gesicherte Leistung in Form von konventionellen Kraftwerken abgebaut. Und: Die Zeiten, in denen sehr viel Strom nachgefragt wird, sind in Mitteleuropa nahezu deckungsgleich: Ist die Stromnachfrage in Deutschland hoch, ist dies in der Regel auch in den angrenzenden Staaten der Fall. Wir können uns in solchen Phasen nicht darauf verlassen, aus diesen Ländern Strom in nennenswertem Umfang importieren zu können“, so Kapferer.“[50]

Die meisten Staaten rechnen für die nächsten Jahre mit einer wachsenden oder zumindest stabilen Höchstlast. „Auch dies bindet die vorhandenen Kraftwerkskapazitäten im eigenen System“, schreibt Michael Nickel vom BDEW.[51]

Äußerst kritisch entwickelte sich die Höchstlast in Europa schon in den vergangenen Jahren. 2013 lag diese noch bei 516 GW, 2016 wurden 546 GW, am 28.02.2018 wurden 590 GW erreicht. Zeitgleich erreichten die Übertragungsnetze in 9 von 36 europäischen Staaten ihre Jahreshöchstlast.[52] „Damit befanden sich Ende Februar bis Anfang März 2018 rund drei Viertel der europäischen Stromversorgung in einem kritischen Bereich.“

Außerdem war die Situation im Gebiet des Verbands Europäischer Übertragungsnetzbetreiber (ENTSO-E) „auch Ende November/Anfang Dezember sowie Anfang August 2018 angespannt."

Die ENTSO-E-Statistik belegt einen stetigen Anstieg der Höchstlasten „bei tendenziell sinkenden gesicherten Erzeugungskapazitäten". Am 28.02.2018 standen im ENTSO-E-Bereich für eine Höchstlast von 590 GW insgesamt nur knapp 577 GW an gesicherter Erzeugungsleistung zur Verfügung. Es stand genügend Strom aus erneuerbaren Quellen zur Verfügung, so dass das Zusammenwirken erneuerbarer Energien mit dem konventionellen Kraftwerkspark die Versorgung in dieser kritischen Situation ermöglichte.

Nach Einschätzung der Redaktion der Fachzeitschrift Energiewirtschaftliche Tagesfragen verliert Europas Stromversorgung die sichere Basis. Sie warnt vor einer „belegten hohen Wahrscheinlichkeit, dass Lastspitzen europaweit zeitgleich auftreten" und tendenziell weniger gesicherte Erzeugungsleistung zur Verfügung stehe. Dies stelle „eine ernsthafte Verminderung der Versorgungssicherheit dar". Wenn die Netze darüber hinaus spekulativen Eingriffen ausgesetzt seien, „steigen die Risiken weiter". Die Annahme, Versorgungssicherheit über den Stromaußenhandel quasi zu importieren, „muss als leichtfertig eingestuft werden. Deutschland kann sich nicht – wie immer wieder behauptet – darauf verlassen, (...) von den Nachbarländern zu profitieren."[53]

Das Deutsche Zentrum für Luft- und Raumfahrt (DLR) und das Institut für Energiewirtschaft und Rationelle Energieanwendung (IER) hatten schon 2014 und 2015 auf diese Probleme hingewiesen: „Für Gesamtdeutschland zeigt die modellgestützte Untersuchung, dass selbst im optimistischen Fall im Jahr 2022

Deckungslücken auftreten könnten, die nicht durch innereuropäischen Stromaustausch gedeckt werden."[54]

Die deutsche Öffentlichkeit bekommt von all dem nicht viel mit, da jenseits der Fachliteratur nur wenig und schon gar nicht „alarmierend" über die aufgetretenen kritischen Situationen berichtet wurde. Warnende Stimmen sind in den Medien nur höchst selten zu vernehmen. Es handelt sich insofern um ein bisher kaum wahrnehmbares, gewissermaßen noch „unsichtbares" Problem, welches aber mit zunehmender Wucht auf die Menschen in Europa zukommen dürfte.

So schrieb die Unternehmensberatung McKinsey im März 2020, derzeit könne Deutschland noch genügend Strom aus seinen Nachbarländern importieren. „Aber: Langfristig könnten sich auch bei diesem Indikator Verschiebungen ergeben angesichts der geplanten Stilllegung von Kohlekraftwerken beispielsweise in den Niederlanden."[55]

Im Abschlussbericht der „Kohlekommission" wird auch auf die Entwicklung in Belgien verwiesen: „Gleichzeitig ist mit einem Rückgang der gesicherten Leistung in den Nachbarländern zu rechnen, wie das Beispiel Belgien aktuell deutlich zeigt."[56]

Ausgehend von Prognosen des Verbandes Europäischer Übertragungsnetzbetreiber ENTSO-E lässt sich ermitteln, dass europaweit (Deutschland ausgenommen) im Zeitraum 2017 bis 2025 rund 123 GW regelbare (Netto)-Kapazität vom Netz gehen werden – umgerechnet 18 %. Zum Vergleich: In den zehn Jahren davor waren es lediglich 1,9 GW.[57]

Zur Entwicklung des europäischen Kraftwerksparks schreibt der BDEW im August 2020: „Die angekündigten oder diskutierten Planungen in den betrachteten Staaten zeigen einen allgemeinen Trend des Abbaus von Kohlekapazitäten sowie von Kernenergie bei gleichzeitig starkem Zuwachs von Erneuerbaren

Energien.“ Dies entspreche der absehbaren Entwicklung in Deutschland.

Das hätte drastische Folgen: „Die derzeit noch vorhandenen Überkapazitäten an gesicherter Leistung schmelzen damit überall in Europa mittel- bis langfristig ab. Damit stehen auch die Nachbarländer vor der Herausforderung, die Versorgungssicherheit bei steigenden Anteilen volatiler Kapazitäten zu gewährleisten.“[58]

Sowohl der BDEW als auch die Kohlekommission verweisen auf eine Untersuchung des wissenschaftlichen Dienstes der EU (Joint Research Center - JRC) zur Entwicklung der installierten Leistung von Kohlekraftwerken in der Europäischen Union. Es ergab sich ein Rückgang von 150 GW auf 105 GW im Zeitraum 2016 bis 2025 und ein weiterer Rückgang auf 55 GW bis 2030.“[59]

Das heißt: die Kohlekraftwerkskapazität in der gesamten EU läge schon 2030 mit 55 GW bei nur noch zwei Dritteln des heutigen Bedarfs an gesicherter Leistung in Deutschland.

Deutschland steht vor den genannten Hintergründen laut BDEW „mit Blick auf künftige Stromimporte vor großen Unsicherheiten“.[60]

In gleicher Weise warnt auch die Deutsche Bank: „Einfach nur mit höheren Stromimporten zu planen, wäre – abgesehen von Transporterfordernissen – eine sehr riskante Lösung. Denn Deutschland ist beim Kohleausstieg in Europa keineswegs alleine; bis spätestens 2030 planen nämlich auch benachbarte Länder wie Dänemark, die Niederlande und Österreich sowie Irland, Italien, das Vereinigte Königreich, Finnland und Portugal den Ausstieg.“[61]

Dabei ist zu berücksichtigen, dass sich rund drei Viertel der derzeitigen konventionellen Kraftwerkskapazitäten Europas (ohne Deutschland) auf die Länder Frankreich, Italien, Niederlande und Polen konzentrieren. Der Verband Europäischer

Übertragungsnetzbetreiber (ENTSO-E) erwartet u.a. für Frankreich schon kurzfristig verstärkte Versorgungsengpässe (höhere LOLE-Werte).[62]

„Es ist davon auszugehen, dass sich die Versorgungssituation in Zukunft weiter verschärft. (...) Mittelfristig besteht das Risiko, dass im gesamten europäischen Verbund nicht mehr ausreichend Versorgungskapazität vorhanden sein wird", resümieren Autoren von McKinsey.[63]

Kritisch könnte es im Übrigen schon werden, wenn beträchtliche Kraftwerkskapazitäten aus wirtschaftlichen oder regulatorischen Gründen lediglich in die „Kaltreserve" gehen. Eine Wiederinbetriebnahme solcher Kraftwerke ist nur mit längerer Vorlaufzeit und keinesfalls kurzfristig möglich.[64]

Diskussionen zwischen dem BDEW und dem Bundeswirtschaftsministerium führten 2018 dazu, dass das Ministerium nicht mehr an der Aussage festhielt, rein nationale Leistungsbilanzen zur Stromversorgung seien „veraltet" und hätten „keine Aussagekraft", vielmehr müsse „Versorgungssicherheit europäisch gedacht werden". Das Ministerium musste aufgrund der umfassenden Untersuchungen des BDEW offenbar einräumen, dass Deutschland im Jahr 2020 keineswegs auf „beträchtliche Überkapazitäten von 40 Gigawatt" in Europa zurückgreifen könnte. Deswegen sei es schlichtweg nicht möglich [gewesen], in Deutschland kurzfristig bis 2020 sieben GW Kohlekraft stillzulegen.

Immer mehr Windenergieanlagen und Solarparks helfen dabei nicht weiter: „Die für Wind und Photovoltaik entscheidenden Großwetterlagen führen in Zentraleuropa zu einer mehr oder weniger deutlichen Gleichzeitigkeit von Erzeugungsmangel oder Überflusssituationen", so Kapferer.[65]

Man kann auch nicht, schon gar nicht kurzfristig, darauf bauen, zuverlässig und in hinreichender Menge mit Solarstrom aus Nordafrika versorgt zu werden. Nach langjährigen Prüfungen und Verhandlungen scheiterte das Großprojekt Wüstenstromerzeugung, das schon in den 1970er und 1980er Jahren und dann erneut nach 2000 unter der Bezeichnung „Desertec“ propagiert worden war, zum wiederholten Mal; aufgrund von technischen und ökonomischen Gründen, wegen der zwangsläufig zahlreichen beteiligten Akteure (Verhandlungspartner) und wegen des schwierigen Sicherheitsumfeldes.

3. Fehlende Langzeitspeicher und Gaskraftwerke

Ein Versorgungssystem mit fluktuierend einspeisenden Stromerzeugungsanlagen (Wind, Sonne) kann nur funktionieren, wenn die täglichen, sporadischen und saisonalen Versorgungslücken zuverlässig geschlossen werden.

Bei Betrachtung der realen Verhältnisse stellt sich unterm Strich schlichtweg die Frage, ob Langzeitspeicher und Gaskraftwerke verfügbar sind.

Wind- und Solar-Branche sollte gesicherte Leistung liefern

Schon im konventionellen Kraftwerkssystem bestand in Deutschland jahrzehntelang das Problem, dass die Haushalts- und Kleingewerbekunden hohe Preise für gewaltige Kraftwerks-Überkapazitäten bezahlen mussten, die gar nicht benötigt wurden.

Wenn heute mit besten Absichten reine Solaranlagen installiert werden, dann verschärft das ein inzwischen gravierendes Problem des deutschen Stromversorgungssystems: Es wird noch mehr Strom um die Mittagszeit erzeugt, wenn an manchen Tagen heute schon ein Strom-Überangebot entsteht, so dass der überschüssige Strom subventioniert (zu Negativ-Preisen) ins benachbarten Ausland „verkauft" werden muss.

Später am Tag, in den Nachmittags- und Abendstunden, wenn die Sonne nicht mehr (kräftig genug) scheint, muss dann oftmals Strom zu hohen Preisen importiert werden.

Es ist nicht nur mittags, sondern auch in den frühen Morgenstunden, am Spätnachmittag, am Abend, in der Nacht, im Winterhalbjahr mit vielen trüben Tagen und in der so genannten kalten Dunkelflaute eine stets zuverlässige Stromversorgung notwendig. Gerade im Winterhalbjahr ist der Strombedarf sehr hoch. Der im Sommerhalbjahr produzierte Solarstrom müsste für den Verbrauch im Winter zur Verfügung stehen.

Schon immer ist klar, dass die Solar- und Windenergienutzung in Deutschland nur in Verbindung mit Langzeitspeichern oder in Verbindung mit konventionellen Kraftwerken als Back-Up-System funktionieren kann.

Der Anspruch muss also weiterhin und inzwischen verstärkt sein, dass die Wind- und Solar-Branche gesicherte Leistung rund um die Uhr liefert.

Fehlende Langzeitspeicher

Speicher sind für eine Energiewende aus zwei Gründen wichtig. Sie müssen Energie vorhalten, wenn die kalte Dunkelflaute, das Schreckgespenst der Energiewende, zuschlägt, damit nicht landesweit die Lichter ausgehen. Und sie müssen als Puffer das Netz entlasten, wenn Wind und Sonne sehr viel mehr Strom liefern, als die Verbraucher benötigen.

Doch für beide Mechanismen gebe es bisher keine wirkliche Lösung, so Harald Schwarz im Juli 2020 gegenüber der Frankfurter Allgemeinen Zeitung. Die Lösung sei also nicht, einfach mehr Anlagen für Wind und Sonne bereitzustellen. Schwarz leitet den Lehrstuhl für Energieverteilung und Hochspannungstechnik an der BTU Cottbus-Senftenberg und berät regelmäßig den Deutschen Bundestag.[66]

In China wurde im Herbst 2020 demonstriert, wie schwer es mit der Stromspeicherung im großen Stil ist. In der abgelegenen Provinz Qinghai wurde ein 2,2 Gigawatt-Photovoltaik-Kraftwerk ans Netz angeschlossen. Das Projekt beinhaltet auch einen Speicher mit 203 Megawattstunden Kapazität und 203 Megawatt Leistung. Das sind beachtliche Zahlen, sollte man meinen. Und tatsächlich: Über eine 1.587 Kilometer lange Stromtrasse soll das Solarkraftwerk bei Sonnenschein bis zu 2,2 Gigawatt Strom in Richtung der dichter besiedelten östlichen Provinzen liefern.

Betrachtet man allerdings den Speicher, so liefert dieser mit 203 Megawatt gerade einmal 9 Prozent der Spitzenleistung des Kraftwerks – und das auch nur rund eine Stunde lang. Ein Speicher, der 203 Megawatt Strom für mehrere Provinzen Chinas liefern soll mit einer rechnerischen „Entleerungsdauer“ von nur einer Stunde ist ein ziemlich fragwürdiges Projekt.

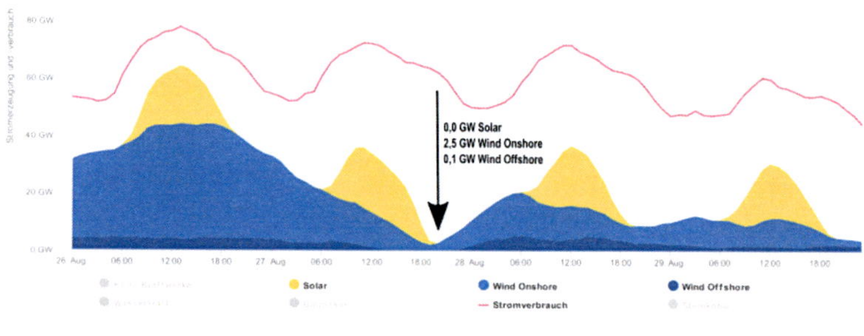

Solar- und Windstromproduktion sowie Stromverbrauch 26. - 29.08.2020
Agora Energiewende (2020): Agorameter
Akademie Bergstraße

Der Speicher dient vermutlich dazu, der Weltöffentlichkeit zu suggerieren, man habe das Speicherproblem im Griff. Tatsächlich aber wird selbst bei solchen Vorzeigeprojekten und trotz eines immensen Aufwands das Problem der volatilen Solarstrom-Einspeisung in keiner Weise gelöst. Eine Stunde lang einen Bruchteil der Kraftwerksleistung aus dem Speicher heraus liefern zu können, stellt keine Lösung des Speicherproblems dar.

Unter den Bedingungen Deutschlands müssten saisonale Langzeitspeicher vornehmlich im Sommerhalbjahr „aufgeladen“ werden können, um dann im Winterhalbjahr wiederholt mehrere Tage den Strom liefern zu können. Zu überbrücken wäre auch die so genannte 14-tägige kalte Dunkelflaute.

Aufgrund der geografischen Verhältnisse und der Strommengen, um die es geht, kommen weitere Pumpspeicherkraftwerke dafür nicht in Betracht. Das ist unstrittig.

Propagiert werden als Langzeitspeicher insbesondere Wasserstoff und Methan, gewonnen aus überschüssigem Wind- und Solarstrom (Power-to-Gas, PtG). Per Elektrolyse kann Wasserstoff gewonnen werden, der ggf. in Methan umgewandelt wird. Diese „erneuerbaren Gase“ können langfristig im bestehenden Erdgasnetz und in Kavernen gespeichert verteilt werden. Wird beispielsweise an einem trüben Wintertag und Windflaute Strom benötigt, dann kann mit Hilfe dieser Speichergase als Brennstoff in Gaskraftwerken wieder Strom erzeugt werden.

Greenpeace Energy schlug vor, bundesweit Elektrolyseure zur Wasserstoffproduktion mit einer Gesamtkapazität von 42,7 GW zu installieren. Zur Wiederverstromung seien Gaskraftwerke mit einer Gesamtkapazität von 67 GW erforderlich.[67]

Hintergrund für die zurückhaltende Einschätzung sind die hohen Wirkungsgrad-Verluste dieses Systems aus Speichergaserzeugung und Wiederverstromung in Gaskraftwerken. Am

Ende bleiben vom ursprünglichen Wind- und Solarstrom nur 30 bis 40 Prozent übrig.[68]

Kritiker der Power-to-Gas-Technologie halten dies für unrealistisch und gehen davon aus, dass der Gesamt-Wirkungsgrad bei einer Methanisierung und Rückverstromung weniger als 16 Prozent beträgt.[69]

Wenn am Ende nur noch 30 % oder weniger der ursprünglich erzeugten Solar- oder Windenergie im Winterhalbjahr verfügbar gemacht werden können, dann ist es natürlich sehr fragwürdig, ob am Anfang der Kette die dafür erforderlichen Wind- und Solarkapazitäten aufgebaut werden könnten. Denn man würde Wind- und Solaranlagen für den unmittelbaren Verbrauch im Sommerhalbjahr benötigen und darüber hinaus nochmals sehr große Kapazitäten, von deren Erzeugung in den Stromlücken des Winterhalbjahres nur relativ wenig übrigbliebe.

Im Jahr 2020 ist jedenfalls nüchtern festzustellen, dass drei Jahrzehnte nach Beginn der systematischen Förderung der erneuerbaren Energien durch das Stromeinspeisungsgesetz von 1990 und das Erneuerbare-Energien-Gesetz (EEG) keine Infrastruktur mit Langzeitspeichern aufgebaut worden ist.

So titelte der Spiegel 2017 „Fehlende Langzeitspeicher - Deutschland droht die Stromlücke“, und schrieb einleitend: „Wenig Sonne, wenig Wind, hoher Verbrauch: Laut einer Studie werden Extremwetterlagen die Stromversorgung immer stärker gefährden - wenn nicht bald ein Konzept für Langzeitspeicher vorliegt.“[70]

Die Kohlekommission, in der mehrere Umweltverbände und das Öko-Institut vertreten waren, dämpfte die Erwartungen an eine Markteinführung von Langzeitspeichern, da Power-to-Gas-Anlagen derzeit vor allem „als Pilotprojekte und in entsprechend kleinen Größenordnungen“ betrieben würden. Somit blieben sie auf mittelfristige Sicht „ein Thema für Forschung und

Entwicklung".[71] In anderen Worten: Forschung und Entwicklung ja, Markteinführung in naher Zukunft eher fragwürdig.

Einer Studie der Technischen Universität Dresden zufolge sind Speichertechnologien derzeit nur im Megawattbereich kommerziell verfügbar. Die erforderlichen Gesamtleistungskapazitäten lägen jedoch "im zweistelligen Gigawattbereich". Die „Skalierbarkeit" von Speicherlösungen werde derzeit noch als gering eingeschätzt. Für die Weiterentwicklung und eine eventuelle landesweite Implementierung wären mehrere Jahrzehnte erforderlich, wobei mit grundsätzlicher Skepsis angemerkt wird, dass bestimmte Randbedingungen wie „die Gesetze der Thermodynamik" konstant blieben und „zu einer kritischen Betrachtung von Ideen und Konzepten" zwingen würden.[72]

Die größten aktuell in Betrieb befindlichen Elektrolyseanlagen haben eine Leistung in der Größenordnung von 0,01 GW (10 MW). Im Rahmen der Reallabore der Energiewende sind Anlagen im Bereich 0,1 GW (100 MW) geplant.[73]

Neben technischen Herausforderungen besteht bei einer Markteinführung von Elektrolyseuren insbesondere auch das Problem, dass ein wirtschaftlicher Betrieb nur bei einer großen Zahl an Volllaststunden möglich ist. Ein kontinuierlicher Betrieb der Anlagen ist in Deutschland auf der Basis erneuerbarer Energien aber nicht machbar. Die Wasserstoffproduktion mit Elektrolyseuren in Deutschland in Verbindung mit Wind- und Solarstrom wäre insofern sehr teuer und nicht wettbewerbsfähig.[74]

Die Deutsche Energie-Agentur (Dena) ging 2012 in einer Studie davon aus, dass im Jahr 2050 Speichertechnologien (lediglich) 9 Prozent der gesicherten Leistung stellen werden.[75] Der Netzentwicklungsplan (NEP) sah bis 2030 Power-to-Gas-Anlagen mit einer installierten Leistung von lediglich 1 GW bis maximal 3 GW vor.[76]

Längst geht die strategische Kommunikation in die Richtung, dem Konzept der Langzeitspeicherung keine Absage zu erteilen, sondern zu behaupten, Langzeitspeicher seien erst bei einem sehr hohen Anteil erneuerbarer Energien notwendig. So heißt es beispielsweise in dem 2015 veröffentlichten Weißbuch des Bundeswirtschaftsministeriums mit dem Titel „Ein Strommarkt für die Energiewende“: „Zusätzliche neuartige Langzeitspeicher, die saisonale Schwankungen ausgleichen können, sind erst bei sehr hohen Anteilen erneuerbarer Energien erforderlich.“[77]

Die Agora Energiewende schrieb 2014, der Ausbau der Erneuerbaren Energien müsse „nicht auf Stromspeicher warten (...). Erst bei sehr hohen Anteilen von Erneuerbaren Energien werden neue Stromspeicher wirklich benötigt.“

Begründet wird das faktische Zurückstellen der Option Langzeitspeicherung insbesondere damit, dass sonst die Kosten für die Energiewende völlig aus dem Ruder laufen würden: Investitionen in neue Stromspeicher für den Erzeugungsausgleich würden in den kommenden (zwei) Jahrzehnten „aufgrund der nach wie vor relativ hohen Investitionskosten nur in einem äußerst begrenzten Maß zu einer Reduktion der Gesamtkosten des Stromversorgungssystems“ führen.

In vergleichbarer Weise wie die Deutsche Energie-Agentur (dena) können laut Agora Energiewende am Ende lediglich „etwa zehn Gigawatt an Stromspeichern einen Beitrag“ zur Energiewende leisten.[78]

Das zeigt, dass Speicher, gespeist mit Wind- und Solarstrom aus dem Inland, in absehbarer Zukunft kaum eine wirklich tragende Säule für ein versorgungssicheres Stromsystem sein werden.

Atomausstieg + Kohleausstieg = Gaskraftwerke

Wegen der fehlenden Langzeitspeicher ist ein versorgungssicheres Energiesystem in Deutschland mit einem hohen Anteil erneuerbarer Energien auf absehbare Zeit nur in Zusammenspiel mit konventionellen Kraftwerken möglich. Wenn die Sonne nicht scheint und der Wind nur wenig weht, dann müssen diese Kraftwerke als Back-Up-System „einspringen“ und die Stromversorgungslücke schließen.

So schreibt die Agora Energiewende: „Mit dem Anteil an Erneuerbaren Energien steigt der Bedarf an Flexibilität im Stromsystem in Deutschland. (…) Insbesondere können steuerbare Kraftwerke in Zeiten von viel Wind und Sonne ausgeschaltet und in Zeiten von wenig Wind und Sonne benutzt werden.“[79] Steuerbare Back-Up-Kraftwerke werden seit langem als eine Grundlage der Energiewende-Politik propagiert.

Wie sehr die Stromversorgung von konventionellen Kraftwerken abhängig ist, zeigt sich allein daran, dass die Bundesnetzagentur regelmäßig geplante Kraftwerksstilllegungen untersagen muss, da es sich um „systemrelevante Kraftwerke“ handelt, die zur Gewährleistung der Sicherheit und Zuverlässigkeit des elektrischen Energieversorgungssystems erforderlich sind.[80]

Das Diagramm „Stromerzeugung und Verbrauch 20. - 26.01.2020“ zeigt, dass konventionelle Kraftwerke regelmäßig und immer wieder auch mit großen Kapazitäten einspringen müssen (graue Fläche), wenn die Stromerzeugung aus Sonne (gelb), Wind (blau), Wasser (hellblau) und Biomasse (grün) nicht reicht, um den Bedarf zu decken (Linie). Daran würde sich wie oben gezeigt auch dann nichts Grundlegendes ändern, wenn man die installierte Leistung von Wind- und Solaranlagen gegenüber heute beispielsweise verdreifachen würde.

In Folge des Atomausstiegs-Beschlusses 2011 wurde in den vergangenen Jahren über den Kohleausstieg verhandelt. In der so genannten Kohlekommission[81] fiel schließlich die Entscheidung, die Stromversorgung ganz wesentlich sowohl auf bestehende als auch insbesondere auf neu zu errichtende Gaskraftwerke zu stützen.

Diese Strategie folgt einer Logik, die von der interessierten Öffentlichkeit zum Teil leider nicht nachvollzogen wurde, weswegen zunehmend der Ruf laut wird, man müsse nun auch noch ganz schnell alle Gaskraftwerke stilllegen.

Es könnte insofern hilfreich sein, die Entscheidungsabläufe nachzuvollziehen, die zum zwangsläufigen Ergebnis führten, neue Gaskraftwerke als Ersatz für Atom- und Kohlekraftwerke vorzusehen:

Unabhängig davon, welchen Anteil des Stroms Sonne, Wind, Wasser und Biomasse liefern sollen bzw. werden, muss auf Kohle-, Atom- und/oder auf Gaskraftwerke zurückgegriffen werden, um gesicherte Leistung in ausreichendem Maß verfügbar zu halten. Daran führt aus heutiger Sicht kein Weg vorbei.

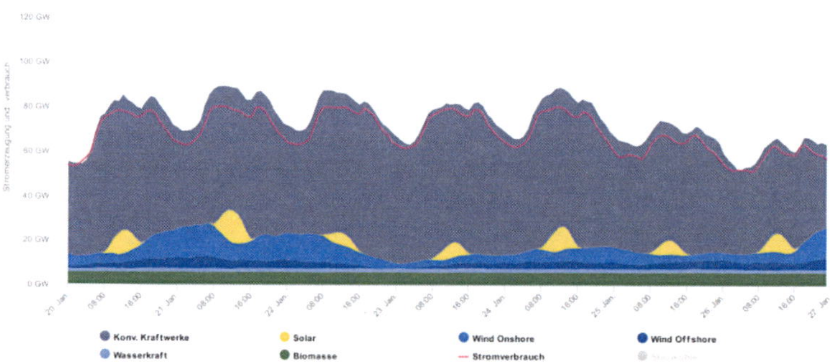

Stromerzeugung und Verbrauch 20. - 26.01.2020
Agora Energiewende (2020): Agorameter

Bei den Gaskraftwerken, egal welcher Bauart, wird es sich in naher Zukunft auch weit überwiegend um Kraftwerke handeln müssen, die Erdgas als Energieträger nutzen, weil andere Gase kaum verfügbar sein werden.

RWE-Chef Rolf Martin Schmitz beschrieb das Zusammenspiel zwischen Wind- und Solarstrom einerseits und konventionellen Kraftwerken andererseits in einem Redebeitrag vom November 2018 so: Konventionelle Kraftwerke würden „weiter gebraucht. Aber ihre Rolle ändert sich: Sie sind das Sicherheitsnetz der Energiewende. Sie springen ein, wenn der Wind nicht weht und die Sonne nicht scheint. Und die Speicher einstweilen noch nicht genügend zur Absicherung beitragen können." Mit einer Erzeugungsflotte aus erneuerbaren Energien und konventionellen Kraftwerken als Sicherheitsnetz wolle RWE künftig „gesicherte Leistung anbieten, also Strom immer dann produzieren, wenn er benötigt wird".[82]

Da ein versorgungssicheres Stromsystem in Deutschland aktuell nur im Zusammenspiel mit konventionellen Kraftwerken gewährleistet werden kann, stellt sich die Frage nach den vorhandenen Möglichkeiten.

Es gibt, wenn man Ölkraftwerke außen vorlässt, mehr oder weniger nur vier Möglichkeiten, um Versorgungssicherheit zu gewährleisten. Diese sind in der „Entscheidungsmatrix Back-up-Kraftwerkspark" dargestellt: ein „Mix aus Kohle-, Atom-, und Gaskraftwerken", ein „Mix aus Kohle- und Gaskraftwerken", ein „Mix aus Atom- und Gaskraftwerken" sowie ein Back-up-System nur mit „Gaskraftwerken".

Der fünfte Fall, ein Atom-, Kohle- und Gasausstieg würde zum Verlust einer versorgungssicheren Stromversorgung führen (vgl. Tabelle).

Diese Matrix zeichnet die energiepolitischen Richtungsentscheidungen der vergangenen Jahre nach.

Nachdem die Entscheidungen gefallen waren, sowohl aus der Atomenergie als auch aus der Kohleverstromung auszusteigen, entfielen die Möglichkeiten 1 bis 3. Bei Möglichkeit 4, dem gleichzeitigen Atom- und Kohleausstieg bleibt nur die Möglichkeit, die Versorgungssicherheit über Gaskraftwerke zu gewährleisten.

Konsequenter Weise lauteten dann auch die Empfehlungen der Kohlekommission, zügig neue Gaskraftwerke zu bauen. Dabei geht es auch nicht um eine „Übergangstechnologie" – ein Gerücht, das sich hartnäckig hält.

Aus heutiger technologischer Sicht werden Gaskraftwerke auf Dauer benötigt, sofern andere konventionelle Kraftwerke nicht verfügbar sind. Dabei kann es sich zum Teil um Kraft-Wärme-Kopplungsanlagen wie etwa kommunale Heizkraftwerke handeln.

Möglichkeiten	**Kohlekraftwerke**	**Atomkraftwerke**	**Gaskraftwerke**	**Back-up-Kraftwerkspark**
1. Aktueller Kraftwerksmix	ja	ja	ja	Mix aus Kohle-, Atom-, und Gaskraftwerken
2. Atomausstieg	ja	nein	ja	Mix aus Kohle- und Gaskraftwerken
3. Kohleausstieg	nein	ja	ja	Mix aus Atom- und Gaskraftwerken
4. Atom- und Kohleausstieg	nein	nein	ja	Gaskraftwerke
5. Atom-, Kohle- und Gasausstieg	nein	nein	nein	Verlust einer versorgungssicheren Stromversorgung, Strom-MangelWirtschaft

Entscheidungsmatrix Back-up-Kraftwerkspark
für ein Stromsystem mit erneuerbaren Energien in Deutschland
Akademie Bergstraße

Laut Deutscher Bank bringt der beabsichtigte Umbau der heimischen Stromerzeugung in den beiden kommenden Dekaden „viele Herausforderungen“ mit sich. Der bis Ende 2022 geplante Ausstieg aus der Kernenergieerzeugung und der bis 2038 vereinbarte Kohleausstieg erfordere „einen signifikanten Ersatz von Kapazitäten“.[83]

Ebenso kamen die deutschen Akademien der Wissenschaften in ihrer Studie „Sektorkopplung – Untersuchungen und Überlegungen zur Entwicklung eines integrierten Energiesystems“ 2017 zu dem Ergebnis: „Trotz des starken Ausbaus der fluktuierenden erneuerbaren Energien Windkraft und Photovoltaik werden auch in Zukunft konventionelle thermische Kraftwerke (Gas- sowie Gas-und-Dampf-Kraftwerke) mit insgesamt vergleichbarer Kapazität wie heute benötigt, um die Versorgungssicherheit auch in Zeiten sogenannter ‚kalter Dunkelflauten‘ zu gewährleisten.“[84]

Fehlende Gaskraftwerke

Für dieses Erfordernis, bei einem gleichzeitigen Atom- und Kohleausstieg rechtzeitig Gaskraftwerks-Kapazitäten im großen Stil verfügbar machen zu müssen, fehlt aber in Teilen der Öffentlichkeit und in Teilen der Politik das Verständnis: Im Schwung des Atom- und Kohleausstiegs sollen auch gleich noch die Gaskraftwerke stillgelegt werden, so der vielfache Impuls. Schließlich will man doch auch so schnell wie möglich vom Erdgas Abschied nehmen. Eine solche Politik ist grob fahrlässig.

Der Bundesverband der Energie- und Wasserwirtschaft (BDEW) weist darauf hin, dass es für Deutschland „zu riskant“ wäre, „sich zum Beispiel in einer Winter-Dunkelflaute auf Stromimporte zu verlassen“, und konstatiert: „Wir werden in

Deutschland neue Erzeugungskapazitäten auf Basis von Gas brauchen."

Allerdings würden neue Gaskraftwerke derzeit fast nirgendwo geplant, weil die Refinanzierung „unter den Bedingungen der Energiewende zu riskant erscheint". Die Energiewirtschaft fordert deshalb schon seit Langem „ein neues Marktsegment, in dem ausschließlich Strom aus gesicherter, wetterunabhängiger Erzeugung gehandelt wird." Die Bundesregierung habe die Einrichtung eines solchen „Kapazitätsmarktes" jedoch bislang abgelehnt.[85]

Rein technisch betrachtet, ist das unverständlich: Wer Atomausstieg und Kohleausstieg sagt, muss Ja zu Gaskraftwerken sagen.

Auch für Speichergase wie Wasserstoff und Methan sind Gaskraftwerke für eine Rückverstromung erforderlich.

Der Unternehmensberatungsgesellschaft McKinsey zufolge müssen bis 2030 zusätzliche Kraftwerkskapazitäten von 17 GW aufgebaut werden (aktuell rund 30 GW Gaskraftwerks-Kapazität), um die Stilllegungen aufgrund des Atom- und Kohleausstiegs zu kompensieren, um Schwankungen bei den Erneuerbaren auszugleichen und Spitzenlasten abzufedern.

Akuter Handlungsbedarf bestehe bereits mit Blick auf 2023. Um keine Versorgungsengpässe zu riskieren, müssten wahlweise entweder „neue flexible Kraftwerke errichtet oder vorhandene Kraftwerke als Reserve erhalten", also nicht stillgelegt werden.[86]

Das meint: Wenn es nicht gelingt, rechtzeitig neue Gaskraftwerke ans Netz zu bringen, dann müssten weitere Kraftwerksstilllegungen überdacht werden.

Am Erfordernis ganz erheblicher Gaskraftwerks-Kapazitäten bei einem Atom- und Kohleausstieg kann kein Zweifel bestehen. Egal ob man Energy Brainpool im Auftrag von Greenpeace

Energy mit 67 GW Gaskraftwerks-Kapazität nimmt, oder die Deutsche Energie-Agentur (Dena), die in den „Elektrifizierungsszenarien“ bis 2030 rund 75 GW und bis 2050 bis zu 117 GW Gaskraftwerks-Kapazität für erforderlich hält,[87] zeigt sich übereinstimmend:

Bei einem gleichzeitigen Atom- und Kohleausstieg ist der Erhalt und Neubau von Gaskraftwerken im ganz großen Stil erforderlich.

Vor diesem Hintergrund ist es sehr ungünstig, dass die Förderung der erneuerbaren Energien in den vergangenen Jahren zur Stilllegung von Gaskraftwerken führte.[88]

Es besteht das Problem, dass der weitere Zubau der Wind- und Solaranlagen „bestehende Kraftwerkskapazitäten verdrängen und deren Rentabilität schmälern, die gleichwohl für Zeiten der sogenannten ‚Dunkelflaute‘ benötigt werden.[89]

Wenn schon bis 2023 mehrere neue Gaskraftwerke ans Netz gehen müssen, dann stellt sich die Frage nach den Planungs-, Genehmigungs- und Bauzeiten. Vielfach wird davon ausgegangen, man könne neue Gaskraftwerke bei Bedarf innerhalb kürzester Zeit bauen und in Betrieb nehmen.

Quelle	**Kraftwerksbedarf [GW]**	**Anmerkungen**
McKinsey 2019	47	Bis 2030, 30 GW Bestand zzgl. 17 GW Neubau, akuter Handlungsbedarf schon vor 2023
Energy Brainpool (Greenpeace Energy) 2017	67	Bis ca. 2040
Dena 2018	75	Bis 2030 (Elektrifizierungs-Szenario)

Bedarf an Gaskraftwerks-Kapazität bei einem Atom- und Kohleausstieg
Akademie Bergstraße

McKinsey gibt an, dass allein nur „die reine Bauzeit eines einzelnen Gaskraftwerks 1,5 bis 2,5 Jahre beträgt – Planungs- und Genehmigungszeiten nicht eingerechnet“.[90]

Der damalige BDEW-Hauptgeschäftsführer Stefan Kapferer mahnte im April 2018: „Neue Gaskraftwerke bauen sich nicht über Nacht. Alle in den letzten Jahren fertiggestellten Kraftwerke hatten Bau- und Planungszeiten von vier bis sieben Jahren. 2023 beginnt also heute.“[91] Im April 2019 monierte Kapferer, der Neubau von Gaskraftwerken würde stocken, und forderte: „Wir müssen bauen, bauen, bauen.“[92]

Auch 2020 forderte der BDEW eine „Investitionsoffensive für neue Gaskapazitäten“, um die geplante Stilllegung von Kohlekraftwerken versorgungssicher zu ermöglichen. Für neue Gaskraftwerke bedürfe es der Planungssicherheit und einen zeitlichen Vorlauf von fünf bis sieben Jahre von der Planung bis zur Inbetriebnahme. „Deutschland braucht jetzt ein Anreizsystem für gesicherte Leistung, wenn wie geplant die Kohleverstromung nach 2022 weiter zurückgeführt werden soll.“[93]

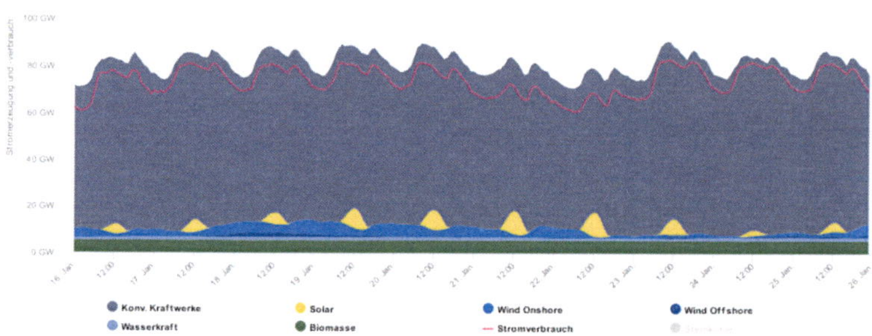

Kalte Dunkelflaute 16. - 26.01.2017
Agora Energiewende (2020): Agorameter

Ebenso drang auch der baden-württembergische Energieminister Franz Untersteller jahrelang auf einen schnellen Ausbau der Gaskraftwerks-Kapazitäten: „Bei einem immer größer werdenden Anteil erneuerbarer Energien an der Stromerzeugung brauchen wir künftig Backup-Kapazitäten, die flexibel einsetzbar und möglichst CO2-arm sind. Insbesondere benötigen wir schnell regelbare Gaskraftwerke.“[94]

Stattdessen ist aber festzustellen, dass Gaskraftwerke im großen Stil stillgelegt werden, da sie unter den aktuellen „Marktbedingungen“ unrentabel sind. Zwischen 2012 und 2019 gingen Erdgas-Kraftwerke mit einer Gesamtkapazität von gut 2 GW endgültig und 1,8 GW vorläufig vom Netz.

Zusammen mit den geplanten endgültigen Stilllegungen bis 2022 könnten zwischen 2012 bis 2022 insgesamt bis zu 3,4 GW Erdgas-Kraftwerksleistung vom Netz gehen.[95]

Aktuelle Diskussionen unter dem Stichwort „Gaswende“ könnten dazu beitragen, dass dringend benötigte Kraftwerkskapazitäten – sei es Neubauten oder bestehende Anlagen – durch öffentliche Proteste unter Druck geraten.

Stilllegungen von Erdgas-Kraftwerken	**Netto-Nenn-leistung el. [GW]**
Endgültige Stilllegungen 2012-2019	2,335
Vorläufige Stilllegungen (Stand 01.04.2020)	1,796
Erwartete endgültige Stilllegungen 2020-2022	0,231
Gesamtsumme	**4,362**

Stilllegung von Erdgas-Kraftwerken 2012 - 2022
Quelle: Bundesnetzagentur 2020
Akademie Bergstraße

Das Propagieren einer „Gaswende" ist insofern ein gefährliches Spiel mit dem Feuer, welches die Versorgungssicherheit gefährdet, zumal das Versprechen, man könne „grüne Gase" kurzfristig und in ausreichender Menge liefern, unseriös ist.[96]

Insgesamt zeichnet sich seit Jahren ein höchst problematischer Politikstil ab: Man schreibt gesetzlich Stilllegungstermine für Kraftwerke verbindlich fest, belässt den Aufbau gesicherter Kraftwerksleistung aber dem Prinzip Hoffnung – wohl wissend, dass der hochgradig regulierte Elektrizitätsmarkt für dringend benötigte Reservekraftwerke unrentabel ist.

Stilllegungen bzw. Zubau 2020 - 2022	**Netto-Nennleistung el. [GW]**
Angezeigte Kraftwerks-Stilllegungen	**10,821**
Geplante Kraftwerks-Stilllegungen	
Atomkraftwerke	8,107
Braunkohle-Kraftwerke	1,973
Steinkohle-Kraftwerke	3,510
Erdgas-Kraftwerke	0,231
Sonstige Kraftwerke	0,252
Summe geplante Kraftwerks-Stilllegungen	**14,073**
Erwarteter Kraftwerks-Zubau	
Erdgaskraftwerke	0,890
Sonstige Kraftwerke (u.a. Steinkohle-KW. Datteln 4)	1,205
Summe neue Kraftwerkskapazitäten bis 2022	**2,095**
Zubau abzgl. „angezeigte" Stilllegungen	**-8,726**
Zubau abzgl. „geplante" Stilllegungen	**-11,978**

Stilllegungen und Zubau konventioneller Kraftwerke 2020 - 2022
Quelle: Bundesnetzagentur 2020
Akademie Bergstraße

Es handelt sich um eine grundlegende Abkehr von allen bisherigen Ansätzen einer verantwortungsvollen Energiewende-Politik, in denen Schritt für Schritt Stilllegungen und Aufbau neuer Kapazitäten zuverlässig Hand in Hand gehen mussten.

Selbst der Atomausstieg 2000/2002 wurde – trotz großer Überkapazitäten, die sogar einen „Sofortausstieg“ ermöglicht hätten – in Form eines Gesetzes zur "geordneten Beendigung der Nutzung der Kernenergie zur gewerblichen Erzeugung von Elektrizität" beschlossen.

Von einer „geordneten“ Beendigung der Kohleverstromung kann aktuell jedoch in keiner Weise die Rede sein, wenn Gaskraftwerke in großem Stil stillgelegt, statt erhalten und neu gebaut werden.

Die inzwischen übliche, "disruptive", also zerstörerische Vorgehensweise mit gesetzlich verbindlichen Abschaltplänen ohne gesetzlich verbindliche Pläne für die vorherige Verfügbarmachung gesicherter Kraftwerks-Leistung ist verantwortungslos. Entsprechend moniert auch das Bundeskartellamt das Risiko einer Gefährdung der Versorgungssicherheit wegen fehlender Kraftwerksneubauten:

Die schlechte Vorhersehbarkeit der zukünftigen Bedingungen von Angebot und Nachfrage, das Risiko politischer Eingriffe und „die nur langfristig mögliche Korrektur einer Unterkapazität durch Kraftwerksneubau, sind Anlass für die Sorge, dass die Versorgungssicherheit auf Basis der Marktsteuerung nicht hinreichend sein könnte. Die sich am Markt einstellenden Preise könnten zu niedrig sein, um Investitionssignale zu setzen und entsprechende Kapazitätspuffer zu bilden. Daher besteht das Risiko, dass es am Stromgroßhandelsmarkt in einem konkreten Moment nicht zu einer Bedarfsdeckung kommen könnte. Dies hätte Stromausfälle (Blackouts oder Brownouts[97]) zur Folge.“[98]

Gaskraftwerks-Sterben durch EU-Umweltauflagen?

Doch es ist nicht nur die deutsche Politik, die den Betrieb von Gaskraftwerken vielfach unrentabel macht. Auch die Umweltgesetzgebung der EU könnte den Weiterbetrieb von Gaskraftwerken und somit die Versorgungssicherheit in Deutschland gefährden.

Hintergrund ist, dass die Europäische Kommission im Juli 2017 neue europaweite „Bandbreiten für Schadstoffemissionen" von Großfeuerungsanlagen erlassen hat.[99] Es geht dabei um Grenzwerte, die in nationales Recht umzusetzen und spätestens ab August 2021 einzuhalten sind.

Betroffen sind in Deutschland rund 600 Großfeuerungsanlagen, darunter insbesondere Stein- und Braunkohlekraftwerke sowie Gasturbinen- und Gas-und-Dampfturbinen-Kraftwerke. Genehmigungsbehörden müssen sicherstellen, dass auch bestehende Anlagen die neuen Emissionswerte der EU einhalten.

Die neu einzuführenden Stickstoffoxidanforderungen für Gasturbinen, die mehr als 1.500 Stunden pro Jahr betrieben werden sollen, sind deutlich strenger als die derzeitigen Anforderungen der 13. Bundes-Immissionsschutzverordnung und sind nicht mehr auf den Bereich oberhalb von 70 % Last beschränkt.

Eine Nachrüstung von bestehenden Gasturbinen mit Katalysatortechnik ist im Regelfall wirtschaftlich nicht darstellbar. „In vielen Fällen wird deswegen eine Beschränkung der jährlichen Betriebsstunden, eine Stilllegung oder ein Ersatzbau erfolgen müssen", heißt es im Bericht der Kohlekommission.

„Gerade Betreiber, die auch aus umweltbewussten Motiven von Schwer- und Heizölkesseln auf Erdgas umgestellt haben, werden dabei vor erhebliche Herausforderungen gestellt: Durch die teilweise sehr hohe Feuerraumwärmebelastung von Bestandsanlagen gestaltet sich die Einhaltung der gesetzlichen

Grenzwerte bereits heute schwierig", heißt es in einem Bericht auf Ingenieur.de.

Die Kohlekommission sieht daher für ihre Strategie, mit einem Mix aus erneuerbaren Energien und Gaskraftwerken die Versorgungssicherheit zu garantieren, gravierende Probleme: "Für neue Gaskraftwerksprojekte kann die Verzögerung ein erhebliches Investitionshemmnis darstellen und damit Auswirkungen auf die Versorgungssicherheit haben."[100]

Diese EU-Umweltgesetzgebung ist höchst problematisch. Sie könnte dazu führen, dass Atom- und Kohlekraftwerke weiterbetrieben werden (müssten). Sie könnte aber auch dazu führen, dass alle Stilllegungspläne eingehalten werden, Gas-Reservekraftwerke ab 2023 bei Weitem nicht in hinreichendem Maße zur

Wind- und Solaranlagen benötigen Gaskraftwerke als Backup-System
Gas-und-Dampfturbinen-Kraftwerk Hamm-Uentrop
Foto: Tim Reckmann, CC BY-SA 3.0 <https://creativecommons.org/licenses/by-sa/3.0>, via Wikimedia Commons

Verfügung stehen werden und so der Einstieg in eine StromMangelWirtschaft herbeigeführt wird.

Die EU-Umweltgesetzgebung deutet darüber hinaus auf eine generelle Tendenz hin, wonach umwelt-orientierte Investitionen neuerdings nicht mehr belohnt, sondern bestraft werden: Grenzwerte werden beständig weiter angezogen, so dass Investitionen in umweltfreundliche Technologien von heute schon morgen als „Umweltsünden“ gebrandmarkt und sanktioniert werden: Alles ist stets „nicht genug“.

Eine solche, sich ständig, möglicherweise uferlos verschärfende Umweltgesetzgebung der EU kann über kurz oder lang ebenso andere „grüne Technologien“ treffen, nicht zuletzt auch die Wind- und Solar-, sowie die Speichertechnologien und Elektroautos.

4. Denkbare Folgen

Die Steuerung des Stromnetzes mit zunehmend mehr volatilen Erzeugungsanlagen wird seit Jahren immer anspruchsvoller. Es ist nicht auszuschließen, dass das System kollabiert, wenn die Balance zwischen Erzeugung und Verbrauch nicht mehr sichergestellt werden kann.

Vorbereitungen für einen großflächigen Stromausfall

Ohne dies in der Öffentlichkeit allzu intensiv zu thematisieren, werden längst Vorbereitungen für einen großflächigen und langandauernden Stromausfall getroffen, u.a. auch wegen der in Frage stehenden Versorgungssicherheit.

So machte das Bundesamt für Bevölkerungsschutz und Katastrophenhilfe im November 2017 einen „großen Stromausfall" zum Thema. „Langanhaltende und großräumige Stromausfälle hätten massive Auswirkungen auf die Bevölkerung und die Gesellschaft in Deutschland", schrieb die Bundesbehörde in einer Presseinladung. „Ein Ereignis dieser Art würde eine Krise von nationaler Tragweite auslösen und wäre eine große Herausforderung für den Bevölkerungsschutz in Deutschland. Besonders die ‚letzte Meile' der Treibstoffversorgung vom Tanklager in die Tanks der Einsatzfahrzeuge und der Notstromaggregate bei

Kritischen Infrastrukturen ist ein zentrales Thema in Deutschland.“[101]

2019 publizierte das Bundesamt für Bevölkerungsschutz eine umfangreiche Arbeit zum Ausfallrisiko der Stromversorgung. Darin werden Trends der Stromversorgung Deutschlands wie die Strommarktliberalisierung und die Energiewende als mögliche Ursachen eines Stromausfalls untersucht.[102]

Mehr noch: Auch die Bevölkerung soll sich auf langanhaltende und großräumige Stromausfälle vorbereiten. Das Bundesamt für Bevölkerungsschutz fordert die Bevölkerung für einen möglichen Blackout auf, Kerzen, Taschenlampen, Trinkwasser, Lebensmittel, Hygieneartikel, ein batteriebetriebenes oder ein Kurbelradio, geladene Akku-Packs für Smartphones etc. bereit zu halten.[103]

Die Behörde arbeitet zudem gemeinsam mit dem Technischen Hilfswerk (THW), der Deutschen Lebensrettungs-Gesellschaft (DLRG), dem Arbeiter-Samariter-Bund (ASB), dem Deutschen Roten Kreuz, dem Malteser Hilfsdienst und der Johanniter Unfallhilfe an einem "Notfallkochbuch" für die Zubereitung von Essen ohne Strom. Hintergrund sind "großflächige, länger andauernde Stromausfälle".[104]

Die Stadtwerke Ahrensburg stellen die Frage, ob es spießig sei, sich auf einen Stromausfall vorzubereiten, und gibt folgende Antwort: „Zugegeben, es gilt heute nicht gerade als cool, sich persönlich auf einen Stromausfall vorzubereiten. Aber warum eigentlich? Im Prinzip ist das doch genauso cool, wie jeden Tag dafür zu sorgen, dass dem eigenen Handy nicht unerwartet der Saft ausgeht.“[105]

Nervös werden zunehmend auch Unternehmen und ihre Versicherungsgesellschaften. Die Verwaltungs-Berufsgenossenschaft (VBG) empfahl im Jahr 2020 ihren mehr als 1,2 Millionen Mitgliedsunternehmen, Vorsorge für erwartbare Notfälle zu treffen, darunter für "betriebliche Störungen, etwa ein längerer oder überregionaler Stromausfall".[106]

Auch Stadtwerke bereiten sich bereits auf schwierige Situationen vor. Die Stadtwerke München planen als Ersatz für den Steinkohleblock am Heizkraftwerk Nord eine neue gasbetriebene Kraft-Wärme-Kopplungsanlage. Wie die Stadtwerke im April 2020 in einer Pressemitteilung hervorhoben, seien moderne, flexible und schnelle Stromerzeugungskapazitäten im Hinblick auf die Versorgungssicherheit gerade in Süddeutschland erstrebenswert. Ein Gas-und-Dampfturbinen-Kraftwerk (GuD-Kraftwerk) am Standort Unterföhring „stützt die Inselnetz- und Schwarzstartfähigkeit des Münchner Versorgungsnetzes. Das bedeutet, dass sich München in Engpass-Situationen im deutschen bzw. europäischen Strom-Verbundnetz zum Teil selbst mit elektrischer Energie versorgen kann und das Stromnetz in München nicht ausfällt."[107]

Unter Schwarzstartfähigkeit versteht man die Fähigkeit eines Kraftwerks, unabhängig vom Stromnetz vom abgeschalteten Zustand ausgehend zu starten und zügig hochzufahren. Ein nicht speziell für diesen Fall vorbereitetes Kraftwerk kann nicht mehr von selbst aus hochfahren, sondern benötigt für den Start wieder eine Frequenzvorgabe von 50 Hertz durch das Stromnetz. Die Schwarzstartfähigkeit ist insbesondere bei einem flächendeckenden Stromausfall von Bedeutung, um das Energienetz wieder in Betrieb zu nehmen. Rechnen die Stadtwerke München mit einem solchen Szenario?

Nach Auskunft des Bundeswirtschaftsministeriums auf eine parlamentarische Anfrage der FDP-Fraktion erfasst die Bundesnetzagentur regelmäßig den aktuellen Kraftwerksbestand, darunter auch schwarzstartfähige Anlagen. „Der Bundesnetzagentur liegt eine vollständige Übersicht vor, einschließlich der von den Anlagenbetreibern als Betriebs- und Geschäftsgeheimnis gekennzeichneten Schwarzstartfähigkeit."

Demnach gibt es in Deutschland 174 schwarzstartfähige Anlagen (Kraftwerksblöcke bzw. Turbinen), von denen 26 Anlagen tatsächlich von den Übertragungsnetzbetreibern für einen Netzwiederaufbau vorgesehen werden. Beim überwiegenden Teil der am Übertragungsnetz angeschlossenen und vertraglich zum Netzwiederaufbau gebundenen schwarzstartfähigen Kraftwerke handelt es sich um Wasserkraftwerke. In Ausnahmefällen kommen auch Erdgas oder Öl als Energieträger zum Einsatz.[108]

Auch die österreichische Bundesregierung bereitet sich auf einen Blackout vor. Höchste Handlungsrichtlinie für neue Aufgaben und Strukturen des österreichischen Bundesheers sei die „Berücksichtigung der Eintrittswahrscheinlichkeiten von Bedrohungsszenarien". „Blackout-Vorbereitungen" zählen daher zum Katalog an Fähigkeiten, die das österreichische Militär zukünftig «über die Kernkompetenzen hinaus» erfüllen soll.[109] Die Eintrittswahrscheinlichkeit eines Blackouts wird von der österreichischen Bundesregierung demnach offensichtlich als vergleichsweise hoch eingeschätzt.

Im fast bargeldlosen Schweden warnt inzwischen sogar die Zentralbank vor den Gefahren durch Cyberattacken oder Blackouts. Würde etwa das Internet in Schweden auch nur kurzzeitig ausfallen, wären keine Zahlungen mehr möglich. Das könne schnell zu sehr schweren gesellschaftlichen Problemen führen. „Falls das Licht einmal ausgeht, brauchen wir in diesem Land genügend Bargeld, auch weit draußen in irgendeinem Wald, damit wir auf Scheine und Münzen zurückgreifen können", so Zentralbank-Chef Stefan Ingves. Er will, dass die Regierung ein Gesetz erlässt, das Banken im Land dazu verpflichtet, eine bestimmte Menge an Bargeld in ihren Tresoren vorrätig zu halten – für den Notfall.[110]

Kritiker sehen den großflächigen Stromausfall am 14. August 2020 in Kalifornien als warnendes Beispiel für Deutschland. Der US-Bundesstaat setzt maßgeblich auf die Solarstromerzeugung. An jenem Freitagabend schalteten die Kalifornier wegen der hohen Temperaturen ihre Klimaanlagen und weitere stromintensive Geräte an, während die Solaranlagen nach Sonnenuntergang keinen Strom mehr einspeisten. Da überraschend auch der Wind nachließ und ein konventionelles 400-MW-Kraftwerk ausfiel, während eine weitere 750-MW-Einheit offenbar nicht schnell genug hochgefahren werden konnte, mussten die Netzbetreiber 2 Millionen Haushalte vom Netz nehmen. Es war nach Sonnenuntergang schlicht und ergreifend nicht genug Strom verfügbar.[111]

Die Situation in Kalifornien ist mit dem deutschen Grundproblem teilweise vergleichbar: Wenn der Wind- und Solarstrom nicht ausreicht, muss Strom aus den benachbarten US-Bundesstaaten bezogen werden. Es ist aber nicht unbedingt sichergestellt, dass die Nachbarn Strom liefern können, um Lücken im eigenen Netz zu schließen.

Beinahe-Blackout im Juni 2019

Die Folgen eines großflächigen und langandauernden Stromausfalls sollen im folgenden Kapitel überblicksartig skizziert werden. Sie wurden vom Büro für Technikfolgen-Abschätzung beim Deutschen Bundestag (TAB) umfassend untersucht und 2011 in einem langen Bericht dargestellt.

Der Ausschuss stützte seine Aussagen unter anderem auf Ereignisse wie das Elbe- und Oderhochwasser 2002/2005, den Stromausfall Münsterland 2005 und den Sturm Kyrill 2007.

Interessant sind aber zunächst die möglichen Ursachen für einen großflächigen und langandauernden Stromausfall. Dazu zählen laut Bericht Naturereignisse (u.a. Sturm), Pandemien, Kriminalität, Terrorangriffe etc., aber auch solche, die im aktuellen Umbau des Stromversorgungssystems (Energiewende) zu sehen sind.

So könnte es zu gravierenden Beeinträchtigungen „der Netzsteuerungs- und Netzkontrollprozesse“ kommen. Und: „Durch Zunahme dezentraler und stochastischer Stromeinspeisung in Verbindung mit der Ausweitung der Handelsaktivitäten steigt das Risiko des Netzversagens und höherer Ausfallraten.“[112]

Diese mögliche Ursache für einen Stromausfall, die Schwierigkeiten bei der Stromeinspeisung wetterabhängiger Anlagen und das Zusammenwirken vieler Marktteilnehmer ist alles andere als abwegig:

Im Juni 2019 herrschte bei den Betreibern des deutschen Stromnetzes gleich mehrfach Alarmstimmung. An drei Tagen, am 6., 12. und am 25. Juni 2019, war überraschend zu wenig Strom vorhanden, um die Nachfrage zu decken. Die Bundesnetzagentur sieht „Anhaltspunkte“, dass an diesen Tagen unzulässig spekuliert worden sein könnte. Dies war aber möglicherweise erst am letzten der drei Tage ein zusätzliches Problem. Das andere: Wechselhaftes Wetter.

Die vier Übertragungsnetzbetreiber Amprion, 50Hertz, Tennet und TransnetBW bezeichneten die Situation im Nachgang jedenfalls selbst als „kritisch“ und konnten offenbar nur mit Mühe großflächige Stromausfälle vermeiden.

An den drei Tagen im Juni 2019 hatten die vier Übertragungsnetzbetreiber eine „starke Unterspeisung“ festgestellt. Weil zu wenig Strom vorhanden war, sank die Frequenz im gesamten europäischen Verbundnetz ab. Neben dem massiven Einsatz von

Regelenergie konnte das Netz nur mit kurzfristigen Stromimporten aus dem Ausland stabil gehalten werden.

„In der Spitze fehlten sechs Gigawatt an Leistung. Das entspricht in etwa der Leistung von sechs großen Kernkraftwerken", so das Handelsblatt. Der Puffer, den die Netzbetreiber zum kurzfristigen Eingreifen zur Verfügung gehalten hatten, betrug nur drei Gigawatt.

„Die Lage war sehr angespannt und konnte nur mit Unterstützung der europäischen Partner gemeistert werden", teilten die vier großen Netzbetreiber damals in einer Stellungnahme mit. „Da durfte nicht mehr viel passieren", hieß es ergänzend in Unternehmenskreisen.

Mit der Energiewende werde es immer aufwändiger, Angebot und Nachfrage stets in Gleichklang zu bringen, um Stromausfälle zu vermeiden, weil das Angebot von Wind- und Solarenergie schwierig zu prognostizieren ist.[113]

Joachim Vanzetta, Leiter Systemführung beim Übertragungsnetzbetreiber Amprion, verwies in erster Linie auf schwierige Wetterprognosen, eine plötzliche Windflaute und mangelnde Stromerzeugungskapazitäten: „An den drei Tage im Juni wichen Erzeugung und Verbrauch so stark voneinander ab, wie ich es seit Jahren nicht beobachtet habe (…). Physikalisch gesehen ist es sehr einfach: Die ins Netz eingespeiste Strommenge war niedriger als die Menge, die entnommen worden ist. (…) Wir haben Hinweise darauf, dass die Abweichungen unter anderem mit fehlerhaften Prognosen für Stromerzeugung und Stromverbrauch zusammenhingen. (…)"

Vanzetta weiter: „Nehmen wir die Situation an den ersten beiden Tagen, dem 6. und dem 12. Juni: Wir arbeiten unter anderem mit Prognosen, die auf Basis von Wetterdaten abschätzen, wie viel Windstrom am Folgetag erzeugt wird und deshalb dann an der Strombörse gehandelt werden kann. Stromkäufer verlassen sich darauf, dass an diesem Tag eine bestimmte Strommenge zur Verfügung steht. An den genannten Tagen hatten wir über Deutschland aber eine sehr wechselhafte Wetterlage mit starken Winden, die plötzlich abflauten. Das hat Prognosen extrem erschwert. Deshalb stand dem System auf einmal weniger Strom zur Verfügung, als gebraucht wurde."

Am dritten Tag, dem 25. Juni, war es extrem heiß, „selbst abends hatten wir im Rheinland noch mehr als 35 Grad im Schatten. Wir vermuten, dass an diesem Tag unerwartet viele Menschen Klimaanlagen und Kühlgeräte angeschaltet haben – und so sehr viel mehr Strom aus dem Netz entnommen worden ist, als prognostiziert worden war. Die Folge war auch hier ein Ungleichgewicht zwischen Erzeugung und Verbrauch."

Erst an diesem Tag seien möglicherweise „Gewinnmitnahmen" (Arbitragegeschäfte) als Zusatz-Faktor ins Spiel gekommen: „Normalerweise sollten wir in der Lage sein, das mit der uns zur Verfügung stehenden Regelleistung auszugleichen. Die Abweichungen waren aber viel zu groß." In der Spitze fehlten 8 GW Leistung, während an Regelleistung nur etwa 3 GW vorgehalten wurden. Es gebe „Indizien, dass es zusätzlich im Stromhandel an diesen Tagen zu sogenannten Arbitragegeschäften kam. Vereinfacht gesagt, wurde nicht der Strom geliefert, der verkauft worden war und den wir zur Systemstabilisierung eingeplant hatten. Diese Effekte haben sich vermutlich überlagert."

Um das Netz zu stabilisieren, habe man in der Systemführung „alle Möglichkeiten" ausschöpfen müssen, so Vanzetta: „Wir haben die verfügbare Regelenergie vollständig eingesetzt, Großverbraucher wie Aluminiumwerke zeitweise vom Netz genommen. Außerdem haben wir Reservekraftwerke zugeschaltet und am Intraday-Markt Energie dazugekauft – und dennoch hatten wir am Ende immer noch erhebliche Ungleichgewichte. Nur durch zusätzliche Hilfe aus dem Ausland haben wir sie ausgleichen können. Ich kann mich an keine vergleichbare Situation in den vergangenen Jahren erinnern", so Vanzetta.[114]

Vermutlich schlitterte Europa an diesen Juni-Tagen 2019 an einer Katastrophe gerade noch so vorbei. Die Vorgänge beweisen, dass mit der Energiewende aus einem extrem stabilen Stromversorgungssystem ein unsicheres gemacht wurde, welches europaweit die Blackout-Gefahr gravierend erhöht.

Dieses Beispiel ist alles andere als ein Einzelfall und es ist keineswegs nur ein deutsches Problem. Am 9. August 2019 waren weite Teile Großbritanniens von einem Stromausfall betroffen. Zehntausende britische Haushalte waren vorübergehend vom Stromnetz abgeschnitten. Ampeln funktionierten nicht, Züge standen still. Auch die Londoner U-Bahn und ein Krankenhaus waren betroffen. Im Norden des Landes, in den Midlands und in Wales blieb vielerorts das Licht aus. Der regionale Netzbetreiber Northern Power Grid teilte mit, im Nordosten Englands seien 110.000 Menschen vorübergehend vom Stromnetz abgeschnitten gewesen. Im ostenglischen Ipswich fiel sogar in einem Krankenhaus vorübergehend der Strom aus.

Zu den Ursachen erfuhren deutsche Nachrichtenmagazin-Leser des Spiegel lediglich: „Grund für die Panne waren nach Angaben des Netzbetreibers National Grid zwei fehlerhafte Stromgeneratoren."[115]

Bloomberg News berichtete darüber hinaus, dass eine Gasturbine gleichzeitig mit einem großen Offshore-Windenergiepark ausgefallen war. Der gravierende Mangel an Stromerzeugungs-Kapazitäten habe Folgewirkungen im ganzen Land gehabt.[116]

Die Vorkommnisse zeigen, nur beispielhaft, wie fragil die Stromversorgungssysteme in Deutschland und Europa inzwischen geworden sind. Weitere Beispiele würden hier den Rahmen sprengen.

Folgen eines Blackouts

Die vorstehenden Darlegungen zeigen: Je mehr gesicherte Leistung abgebaut, je mehr wetterabhängige Stromerzeugungsanlagen und je mehr „Stromhändler“ möglicherweise obendrein noch ein Mitnahmegeschäft wittern, desto größer wird sukzessive das Risiko eines großflächigen und langandauernden Stromausfalls.

Die Analysen des Büros für Technikfolgen-Abschätzung[117] ergaben, „dass die Folgen eines solchen Stromausfalls einer nationalen Katastrophe zumindest nahekommen könnten. Es bedürfte einer Mobilisierung aller internen und externen Kräfte des Bevölkerungsschutzes, um die Auswirkungen zumindest zu mildern.“

Bisherige Stromausfälle dauerten laut Bericht höchstens einige Tage, „einige verursachten jedoch geschätzte Kosten von mehreren Mrd. US-Dollar“. Unterstelle man das Szenario eines mindestens zweiwöchigen und auf das Gebiet mehrerer Bundesländer übergreifenden Stromausfalls, „kämen die Folgen einer Katastrophe nahe“.

Die Folgen für Informationstechnik und Telekommunikation „müssen als dramatisch eingeschätzt werden. Telekommunikations- und Datendienste fallen teils sofort, spätestens aber nach wenigen Tagen aus.“ Der Straßenverkehr sei unmittelbar nach dem Stromausfall besonders in großen Städten chaotisch. „Es ereignen sich zahlreiche Unfälle, auch mit Verletzten und Todesopfern.“ Der Stromausfall würde den stromversorgten Schienenverkehr abrupt zum Stillstand bringen. Viele Menschen wären in U-Bahnen und Zügen der Bahn eingeschlossen.

Silhouette von Toronto (Kanada) während des großflächigen Stromausfalls am 14. August 2003 in Nordamerika. Der Stromausfall hat chaotische Zustände im Nordosten der USA und in Teilen Kanadas ausgelöst. Viele Menschen steckten in Fahrstühlen fest und es kam zum Ausfall der Sendeanlagen für Mobiltelefone. Das Telefonnetz funktionierte nur teilweise. Es kam zu langen Schlangen vor den öffentlichen Telefonzellen. U-Bahn und Züge blieben stecken. In vielen Gebäuden gingen die Alarmanlagen los. Die betroffenen Städte sind im Verkehrschaos versunken, da sämtliche Ampeln ausgefallen sind. Die Krankenhäuser mussten auf Notstromversorgung umschalten. Der Flugverkehr wurde nach Angaben der US-Luftfahrtbehörde an sechs Flughäfen ausgesetzt. In einigen Gebieten ging der Wasserdruck aufgrund mangelnder Leistung der Pumpen verloren. Eine große Anzahl von Fabriken wurde geschlossen. Sogar außerhalb der betroffenen Gebiete kam es zu Werksschließungen oder zur Drosselung der Produktion wegen Versorgungsschwierigkeiten und wegen der Notwendigkeit, Energie zu sparen und das Netz zu stabilisieren. Die Überlastung der Autobahnen in den betroffenen Gebieten beeinträchtigte das "just in time"-Versorgungssystem. Einige Industriezweige (einschließlich der Automobilindustrie) konnten erst am 22. August ihre volle Produktion wieder aufnehmen.

Foto: The original uploader was Camerafiend at English Wikipedia., CC BY-SA 3.0 <http://creativecommons.org/licenses/by-sa/3.0/>, via Wikimedia Commons.

Bei den in Fahrstühlen, Staus oder Zügen eingeschlossenen Menschen käme es zu „Dehydrierungs-, Entkräftungs- und Unterkühlungserscheinungen".

Die Wasserinfrastruktursysteme könnten ohne Strom bereits nach kürzester Zeit nicht mehr betrieben werden. Beim Ausfall von Pumpen sei die Grundwasserförderung nicht mehr möglich. Das Zubereiten von Speisen und Getränken sei nur reduziert möglich, und die Toilettenspülung funktioniere nicht. Mit fortschreitender Dauer des Ausfalls sei mit einer Verschärfung der Probleme zu rechnen. Es wachse die Gefahr der Ausbreitung von Krankheiten.

„Eine weitere, mittelbare Folge des Stromausfalls ist ein wachsendes Risiko von Bränden – im industriellen Bereich etwa durch den Ausfall von Kühlungen und Prozessleitsystemen oder durch Versuche in den Haushalten, ohne Strom zu kochen, zu heizen oder zu beleuchten." Insbesondere in Städten drohe wegen der hohen Besiedelungsdichte die Gefahr der Brandausbreitung auf Häuserblöcke und möglicherweise sogar auf ganze Stadtteile.

Als Folge des Stromausfalls wäre auch die Versorgung mit Lebensmitteln erheblich gestört. „Von ihrer erfolgreichen Bewältigung hängt nicht nur das Überleben zahlreicher Menschen ab, sondern auch die Aufrechterhaltung der öffentlichen Ordnung." In den Lebensmittelgeschäften „leeren sich die Regale innerhalb weniger Tage".

Aufgrund fehlender Klimatisierung und Durchlüftung käme es innerhalb der ersten Tage zu Schäden in der Unterglasproduktion von Obst und Gemüse sowie an Lagergut. Der Ausfall von Stall- und Melktechnik könne bei Milchvieh zu Euterentzündungen und in der Folge zum Tod führen. Sobald der Treibstoffvorrat „erschöpft sei, was zumeist nach 24 Stunden der Fall ist, leiden die Tiere unter der manuell nicht zu leistenden Versorgung mit Futter, Wasser und Frischluft. Am problematischsten ist die

Versorgung von Schweinen und Geflügel in Beständen mit mehreren Tausend Tieren. Unter diesen Bedingungen überleben die Tiere oft schon die ersten Stunden nicht."

Das Gesundheitswesen könne den Folgen eines Stromausfalls nur kurz widerstehen. Innerhalb einer Woche „verschärft sich die Situation derart, dass selbst bei einem intensiven Einsatz regionaler Hilfskapazitäten vom weitgehenden Zusammenbrechen der medizinischen und pharmazeutischen Versorgung auszugehen ist".

Bereits nach 24 Stunden ist dem Bericht zufolge die Funktionsfähigkeit des Gesundheitswesens erheblich beeinträchtigt. Krankenhäuser könnten mithilfe von Notstromaggregaten noch einen eingeschränkten Betrieb aufrechterhalten, Dialysezentren sowie Alten- und Pflegeheime aber müssten zumindest teilweise geräumt werden und Funktionsbereiche schließen.

Insbesondere verderbliche Arzneimittel sind, wenn überhaupt, nur noch in Krankenhäusern zu beziehen. „Dramatisch wirken sich Engpässe bei Insulin, Blutkonserven und Dialysierflüssigkeiten aus".

Das Verhalten der Menschen wäre bei einem Stromausfall sehr unterschiedlich und unkalkulierbar. „Manche Individuen und Gruppen fallen hinter die etablierten Normen des gesellschaftlichen Zusammenlebens zurück. Sie werden rücksichtsloser, aggressiver und gewaltbereiter." Es könne zu Diebstählen und Plünderungen kommen. Die Bereitschaft zu helfen könne abnehmen.

Resümierend heißt es in dem Bericht: „Die Folgenanalysen haben gezeigt, dass bereits nach wenigen Tagen im betroffenen Gebiet die flächendeckende und bedarfsgerechte Versorgung der Bevölkerung mit (lebens-) notwendigen Gütern und Dienstleistungen nicht mehr sicherzustellen ist. Die öffentliche Sicherheit ist gefährdet, der grundgesetzlich verankerten Schutzpflicht für

Leib und Leben seiner Bürger kann der Staat nicht mehr gerecht werden.“

Träte der Fall ein, dann „kämen die dadurch ausgelösten Folgen einer nationalen Katastrophe gleich. Diese wäre selbst durch eine Mobilisierung aller internen und externen Kräfte und Ressourcen nicht ‚beherrschbar‘, allenfalls zu mildern.“

5. Fragwürdige Elektrifizierung von Verkehr und Wärmemarkt

Obwohl schon die Versorgungssicherheit des heutigen Strommarktes gefährdet ist, sollen nun auch noch Gebäude im Winter mit Wind- und Solarstrom beheizt und zugleich Elektroautos beladen werden. Ist das machbar?

Elektroautos – Individualverkehr nur noch für Reiche?

Der hocheffiziente „Diesel“ wurde von Umweltverbänden jahrzehntelang als „klimafreundliches Auto“ propagiert. Der Spritverbrauch des Diesels ist sensationell niedrig, er ist kostengünstig, robust und langlebig. Die „Filtertechnik“ ist weit fortgeschritten, unter bestimmten Betriebsumständen kommen aus dem Auspuff sogar in den Innenstädten Abgase, die sauberer als die Innenstadtluft sind.[118]

Dann kam vor Jahren einigermaßen überraschend die Skandalisierung des „klimafreundlichen Diesels“ – und des Verbrennungsmotors generell. Nun sollen Elektroautos klima- und umweltfreundlich sein, obwohl vergleichende Umweltbilanzen alles andere als eindeutig sind. Je nach Fahrleistung, Größe der Batterie, Strommix, realer Nutzungsdauer eines Fahrzeugs usw. schneiden Verbrenner in Studien hinsichtlich der CO_2-Bilanz teilweise sogar besser ab als Elektroautos. Unter dem Strich solle man sich jedenfalls „nicht wundern, wenn die positiven Effekte der Elektromobilität für die Klimabilanz national und global niedriger ausfallen werden als von vielen erhofft“, schreibt dazu die Deutsche Bank Research.[119]

Die Diskussionen um (angeblich) „seltene Erden“ für Autobatterien, Kinderarbeit im Bergbau, Feinstaub durch Bremsen und Reifenabrieb, Stickoxide, vielfach weiterhin hohe Luftschadstoffe während des „Lockdowns“ im Frühjahr 2020 etc. wurden und werden an anderer Stelle intensiv geführt.

Hier soll es nur um die energiewirtschaftlichen bzw. stromtechnischen Aspekte gehen: Die Hoffnung hinsichtlich der Elektromobilität bestand u.a. auch darin, mit der massenhaften Einführung von Elektroautos eventuell das Speicherproblem der Wind- und Solarenergie teilweise lösen zu können:

Wenn tagsüber die Sonne kräftig scheint und zudem auch die Windverhältnisse gut sind, dann könnten Millionen Elektroautos in ihren Batterien diesen Überschussstrom aufnehmen. Am Abend könnten die Batterien derjenigen Elektroautos, die am nächsten Tag gar nicht fahren müssen, mit „intelligenten“ bzw. „smarten“ Steuerungen und ökonomischen Preisanreizen versehen, wieder zurück ins Stromnetz einspeisen. Besitzer von Elektroautos würden so quasi zu Dienstleistern, die „in guten Zeiten“ erneuerbaren Strom speichern und „in schlechten Zeiten“ wieder ins Netz einspeisen.

Für einen Tag-Nacht-Ausgleich im Sommerhalbjahr, für relativ kurze Überbrückungszeiten des Ausbleibens einer Wind- bzw. Solarstromeinspeisung ließe sich ein solches System möglicherweise halbwegs zuverlässig konzipieren und organisieren. Die schnellere Alterung der Batterien aufgrund von häufigen Lade- und Entladezyklen wäre dabei aber möglicherweise ein nicht ganz unerhebliches Problem.

Unter den klimatischen Bedingungen Mitteleuropas mit langen Winterhalbjahren, relativ wenigen Sonnenstunden und unkalkulierbaren Windflauten, stellen Autobatterien als reine Kurzzeitspeicher jedoch keine Lösung dar. Batterien sind keine Langzeitspeicher, keine saisonalen Speicher, die den solaren Überschussstrom aus dem Sommerhalbjahr in das Winterhalbjahr „hinüberretten" könnten. Das Speicherproblem können Elektroautos insofern nicht lösen.

Es bleibt schließlich die Frage, ob das Stromversorgungssystem überhaupt dazu in der Lage wäre, Millionen Elektroautos regelmäßig zu beladen. Kann der in Zukunft verfügbare „Kraftwerkspark" neben der „normalen" Stromversorgung zusätzlich auch noch die möglichen Leistungsspitzen für das Laden von Elektrofahrzeugen bewältigen?

Betrachtet man nur die in Deutschland zugelassenen Personenkraftwagen (Pkw), so geht es aktuell um rund 48 Millionen Kraftfahrzeuge. Diesem Fahrzeugbestand steht das Ziel der deutschen Bundesregierung gegenüber, bis zum Jahr 2030 insgesamt 1 Million Ladepunkte für Elektroautos zur Verfügung zu stellen. Das Bundeskabinett hat dafür im November 2019 einen „Masterplan Ladesäuleninfrastruktur" beschlossen. Ferner ist es ein Ziel der Bundesregierung, dass bis 2030 sieben bis zehn Millionen Elektrofahrzeuge in Deutschland zugelassen sind.

Zugleich werden Forderungen laut, den Verbrennungsmotor bis 2030 oder 2035 zu verbieten. Solche Verbote werden auch in zahlreichen anderen Ländern[120] sowie in der EU-Kommission diskutiert.

Es ergibt sich ein aufschlussreiches Gesamtbild: In nur 10 Jahren könnte es keine Neuzulassungen mehr für Verbrennungsmotoren geben und 7-10 Millionen Elektroautos sollen von 1 Million Ladepunkten mit elektrischem Strom versorgt werden.

In der Dena-Leitstudie Integrierte Energiewende wird verdeutlicht, wie „flexibel“ die Stromverbraucher, somit auch Elektrofahrzeuge, auf das schwankende Angebot von Wind- und Solarstrom reagieren sollen:

„Die Nachfrage unterschiedlicher Stromanwendungen variiert sowohl im stündlichen Tagesprofil als auch im saisonalen Jahresverlauf.“ Entscheidend sei die Nachfrage „zum Zeitpunkt des absoluten Peaks über alle Anwendungen“. Das heißt: Wenn Elektroautos gerade dann Strom aus dem Netz beziehen wollen, wenn das Stromangebot gering ist und andere Verbraucher gleichzeitig hohen Strombedarf haben, dann gibt es ein erhebliches Problem.

„Flexibilität“ bei den Verbrauchern, also die Bereitschaft, Strom insbesondere nur dann aus der Steckdose zu beziehen, wenn das Stromangebot groß ist, soll zum Kernelement des Stromsystems werden. „Hierbei wird die technisch verfügbare Flexibilität der jeweiligen Anwendung berücksichtigt. Es wird in dieser Studie davon ausgegangen, dass Flexibilität in hohem Maße zur Verfügung steht und ökonomisch sinnvoll ist. Somit werden besonders in Zeiten der Spitzenlast, Flexibilitätsmaßnahmen verwendet um Engpasssituationen bei der Erzeugung oder hohe Netzbelastungen zu vermeiden.“

Im Bereich der E-Mobilität setzt dies laut Dena-Studie voraus, „dass Fahrzeugbesitzerinnen und -besitzer auf intelligente Systeme zurückgreifen, welche die Ladung in einem vorgegebenen Zeitraum zum günstigsten Tarif vornimmt“.

Das heißt im Klartext: Bei geringem Wind- und Solarstrom-Angebot ist der Stromtarif künftig sehr hoch, so dass es sich vermutlich nur Besserverdienende leisten können, ihr Elektroauto aufzuladen, dessen Anschaffung eventuell sogar noch aus Steuermitteln subventioniert wurde.

An den guten Tagen mit hoher Solareinstrahlung und günstigen Windverhältnissen soll dann versucht werden, möglichst viele Elektroautos in möglichst kurzer Zeit „hintereinander“ zu laden, wofür es viele Schnellladestationen geben soll: „Zusätzlich wird davon ausgegangen, dass Schnellladeinfrastrukturen in großem Umfang zur Verfügung stehen.“

Zur Begründung heißt es: „Damit ergibt sich ein vergleichsweise glatt angenommenes Lastprofil aus dem Verkehrssektor.“[121]

Ob es bei dem Ziel, möglichst viele Schnellladeinfrastrukturen einzurichten, wirklich darum geht, die Höchstlast im Netz und somit den erforderlichen „Kraftwerkspark“ zu begrenzen („vergleichsweise glatt angenommenes Lastprofil“) ist die Frage. Vermutlich geht es primär darum, überhaupt prinzipiell sicherzustellen, dass Elektroautos in kurzen, günstigen Zeitkorridoren guten Wetters (Sonne, Wind), möglichst schnell aufgeladen werden können.

Bei der Nutzung normaler Haushaltssteckdosen mit einer Leistung von 2,3 Kilowatt (kW) braucht es mehr als 10 Stunden, bis ein durchschnittlicher Akku aufgeladen ist. Bei einer „Wandladestation“ mit bis zu 22 kW braucht es 2 bis 6 Stunden. Bei öffentlichen „Ladesäulen“ (bis 22 kW, Typ2-Stecker) sind noch immer Ladezeiten von 2 bis 4 Stunden notwendig.

Erst „Schnellladesäulen“ mit einer Leistung von 50 kW ermöglichen es, die Ladezeiten auf eine halbe bis eine Stunde zu verkürzen. An einer Schnellladestation mit 120 kW („Tesla Supercharger“) werden seit Februar 2018 bereits Ladezeiten von nur rund 20 Minuten erreicht.[122] Es gibt auch schon Schnellladestationen mit 350 kW im öffentlichen Raum (auch ein Prototyp mit 450 kW wurde bereits getestet).

Das klingt nach unaufhaltsamem technischem Fortschritt im Bereich der Elektromobilität, der wie selbstverständlich die

Zukunft gehört, in der sich alle technischen Probleme wie von selbst auflösen.

Doch unterstellt man gemäß Bundesregierung eine Million Ladepunkte für Elektroautos im Jahr 2030, die sieben bis zehn Millionen Elektroautos schnell und zuverlässig aufladen sollen, dann müsste die verfügbare Leistung umso höher sein, je höher die Leistung der Ladepunkte ist (vgl. Tabelle).

Bei der Nutzung von Haushaltssteckdosen (2,3 kW) erscheint zwar vordergründig die erforderliche, zusätzliche Stromerzeugungskapazität mit 2,3 GW gering. Doch einerseits wäre es völlig realitätsfern, sowohl im Sommer- als auch im Winterhalbjahr, sich darauf verlassen zu wollen, jeden Tag 8 bis 14 Stunden lang „überschüssigen" Solar- oder Windstrom zur Verfügung zu haben.

Leistung je Ladepunkt [kW]	**2,3 kW**	**22 kW**	**50 kW**	**350 kW**
Anzahl Pkw 2020	48 Mio.	48 Mio.	48 Mio.	48 Mio.
Anzahl Ladepunkte 2030	1 Mio.	1 Mio.	1 Mio.	1 Mio.
Ungefähre Ladezeit [h]	8 - 14	2 - 4	0,5 - 1	0,2
Gesamter Leistungsbedarf für E-Autos [GW]	2,3	22	50	350
Leistungsbedarf klassischer Stromsektor ohne Reserve [GW]	80	80	80	80
Leistungsbedarf klassischer Stromsektor u. für 1 Mio. Ladepunkte für E-Autos [GW]	**82**	**102**	**130**	**430**

Bedarf an gesicherter Leistung für E-Autos 2030
Quellen: Entega, eigene Berechnungen
Akademie Bergstraße

Darüber hinaus wurde hier gerechnet, dass lediglich eine Million E-Autos an den Haushaltssteckdosen hängen, keineswegs aber 7 oder 10 Millionen E-Autos, die 2030 auf deutschen Straßen unterwegs sein sollen. Würden aber im Schnitt täglich beispielsweise 5 Millionen E-Autos an Haushaltssteckdosen beladen werden, dann ginge es um einen „zusätzlichen Leistungsbedarf" von rund 12 GW, 8 bis 14 Stunden am Tag.

Schnellladestationen mit beispielsweise 350 kW als „Standard" für die eine Million Ladepunkte 2030 zu nehmen, wäre ebenfalls fernab jeder Realität. 350 GW zuverlässige Zusatzleistung durch Sonne und Wind, jederzeit, im Sommer- wie im Winterhalbjahr gewährleisten zu wollen, ist nicht möglich.

Ohnehin ist in vielen Bereichen von Städten und Gemeinden die Installation von Elektroladestationen kaum machbar. „Wir haben in vielen Städten und Kommunen eine Wohndichte, für die wir in Bezug auf die Ladeinfrastruktur eigentlich keine Antworten haben", so der Ford-Deutschland-Chef Gunnar Herrmann gegenüber dem Handelsblatt. Herrmann zweifelt daher am Markterfolg von Elektro-Autos.[123]

Nimmt man im Mittel 50 kW-Schnellladesäulen und lässt das Problem verdichteter Wohnbereiche außer Acht, dann könnte man „auf dem Papier" (in „Studien") die Hoffnung hegen, in den Bereich des Realistischen zu kommen. Ladezeiten von einer halben Stunde bis Stunde, sollten mit Wind oder Sonne an den meisten Tagen des Jahres darstellbar sein ... möchte man vielleicht meinen.

Im günstigen Fall könnte man in Wintertagen mit Windflaute und 3 Stunden kräftigen Sonnenscheins in der Mittagszeit an einer Million Ladepunkten bis zu 6 Millionen E-Autos aufladen (zum Vergleich der heutige Pkw-Bestand: 48 Mio. Pkw). Dies allerdings nur dann, wenn an diesen Wintertagen 50 GW Solarstrom 3 Stunden lang exklusiv für die E-Autos zusätzlich fließen, während 24 Stunden lang an solchen Tagen für den klassischen Stromsektor bereits bis zu 80 GW absolut zuverlässig Tag und Nacht irgendwoher kommen müssen.

Man kann die verschiedenen Stellgrößen wie Ladezeiten, Anzahl der Ladepunkte, Leistungsaufnahme und -abgabe von Ladepunkten, Anzahl der Elektroautos, Annahmen zu Wetterverhältnissen, Annahmen zum sonstigen Strombedarf 24 Stunden am Tag und in der Nacht sowie im Sommer wie im Winter modellmäßig „hin- und herrechnen" wie man will:

Wenn Dieselautos und Verbrennungsmotoren generell verboten werden würden und nur noch Elektroautos erlaubt wären, dann würde das vor dem Hintergrund der Auffassung, alle konventionellen Kraftwerke seien verzichtbar, bedeuten, dass nur noch ein ziemlich kleiner Bruchteil des heutigen Pkw-Bestands aufrechterhalten werden kann.

Um die Frage, wie viele dieser Elektroautos dann im Privat-Besitz von Vermögenden mit jederzeitiger Verfügbarkeit und privilegiertem Zugang zum Ladestrom sein werden und wie viele dieser Pkw im Besitz von Car-Sharing-Unternehmen sein werden, die sich bei „schlechtem Wetter" allenfalls noch „Besserverdienende" ausleihen können, könnten in Zukunft heftigste Konflikte entstehen ...

Corona-Maßnahmen und CO2-Reduktion

Auch die Deutsche Bank weist auf dieses Problem hin, dass eine Verteuerung des Verkehrs für die einkommensstarken Haushalte nicht so sehr ein Problem wäre, für ärmere Bevölkerungsschichten allerdings schon:

„Eine solche Verteuerung des Verkehrs dämpft zwar ceteris paribus das Verkehrswachstum. Zur Wahrheit zählt aber auch, dass dies die ärmeren Bevölkerungsschichten stärker trifft, weshalb die Politik stets über Umverteilung nachdenkt. In gewissem Sinne ist es ein weiterer Mythos der Verkehrswende, dass man den Verkehr verteuern kann, ohne jene zu treffen, die auf individuelle Mobilität angewiesen sind und nicht zu den einkommensstarken Haushalten zählen."

Die DB Research, die ehemalige Volkswirtschaftliche Abteilung der Bank, schreibt unter Anspielung auf aktuell wiedererstarkende sozialistische Tendenzen, dass individuelle Mobilität „zur DNA einer freiheitlichen Gesellschaft" zählt. „An der Einschränkung von Mobilität bzw. Reisefreiheit sind diktatorische Regime zerbrochen."

Die Frage sei, ob der technische Fortschritt schnell genug voranschreite, damit die Mobilitätsbedürfnisse der Menschen und Unternehmen klimaverträglicher befriedigt werden können als heute, was sehr skeptisch bewertet wird. Somit blieben zwei Alternativen: „Der Staat müsste so stark eingreifen, dass das absolute Verkehrsvolumen kräftig genug sinkt, um die selbst gesteckten Klimaschutzziele zu erreichen. Dies wäre politisch nicht einfach durchzusetzen. Oder aber er verfehlt bzw. revidiert seine Ziele, was wiederum kein Novum wäre."

Die langfristigen Klimaschutzziele (quasi CO_2-Neutralität) könnten – zumindest mit den heute verfügbaren Technologien – „eigentlich nur durch deutlich weniger Verkehr erreicht werden". Doch dies „dürfte politisch schwer zu vermitteln sein".[124]

Wenige Monate später kam es im Jahr 2020 zu einem globalen „Lockdown", der in nahezu allen Staaten weltweit demokratische Freiheits- und Grundrechte massiv einschränkte. Deutlich weniger Verkehr war eine der Folgen der „Corona-Maßnahmen".

Unter der Überschrift „Klimaziel erreichbar - wegen Corona" wies tagesschau.de am 18. August 2020 auf mögliche Ursachen und Zusammenhänge zwischen Klimazielen, zu denen sich die deutsche Bundesregierung verpflichtet hat, und „Corona-Maßnahmen“ sowie eventuellen Strafzahlungen hin.

Da es ein wichtiges Zeitdokument ist, soll diese ARD-Meldung – lediglich unter Auslassung parteipolitischer Elemente, die die Verständlichkeit der Zusammenhänge erschweren – vollständig zitiert werden:

„Weniger Autoverkehr, weniger Flüge, weniger CO_2-Emissionen. Wegen der „Corona-Krise“ könnte Deutschland das Klimaziel für 2020 doch noch erreichen. (…)

Der aktuelle Klimabericht für das vergangene Jahr zeigt einen deutlichen Rückgang der Treibhausgasemissionen in Deutschland. Laut dem Bundeswirtschaftsministerium sank der CO_2-Ausstoß 2019 um 35,7 Prozent verglichen mit 1990. Eine positive Entwicklung, die aber zu langsam kommt. Lange Zeit glaubte die Regierung daher nicht daran, das große CO_2-Etappenziel für 2020 noch erreichen zu können. Nun könnte der zwischenzeitliche „Corona-Lockdown“ helfen.

Das Ziel für 2020 sieht vor, die Emissionen um 40 Prozent gegenüber dem Vergleichsjahr 1990 zu verringern. Es gilt als wichtige Etappe des europäischen Klimaschutzplans, an dessen Ende im Jahr 2050 eine Reduktion der Treibhausgase um 80 bis 95 Prozent gegenüber 1990 steht.

Emissionen müssen 2020 um weitere zehn Prozent sinken

Die konkrete Auswirkung der „Corona-Krise“ auf die deutsche Klimabilanz sei laut der Bundesregierung zwar noch nicht im Detail absehbar. Um wie viel der Treibhausgas-Ausstoß zurückgegangen ist, sei ‚derzeit noch mit Unsicherheiten behaftet und lässt sich noch nicht genau vorhersagen‘, heißt es im Klimaschutzbericht. Wenn die Emissionen im aktuellen Jahr ‚voraussichtlich deutlich niedriger ausfallen‘, könne das Ziel für 2020 aber noch erreicht werden.

Dafür müssten die Emissionen im Jahr 2020 noch einmal um zehn Prozent gegenüber dem Vorjahr sinken. ‚Diese Verringerung ist unter normalen Bedingungen unwahrscheinlich, doch in der aktuellen Situation in Folge der Kontakteinschränkungen aufgrund der Corona-Krise nicht ausgeschlossen', so ein Ministeriumssprecher. (…)

Ohne Schützenhilfe durch den „Corona-Lockdown" würde das Ziel dagegen verfehlt, obwohl es im vergangenen Jahr in vielen Bereichen einen Rückgang der Emissionen gab. Der Sektor Energiewirtschaft war demnach mit einem Rückgang von fast 51 Millionen Tonnen CO_2 für den überwiegenden Teil der Emissionsminderung verantwortlich. Auch im Industriebereich gab es Einsparungen, ebenso in der Landwirtschaft. In den Bereichen Gebäudeheizung und Verkehr gab es dagegen einen Anstieg der Emissionen. (…)

Sollte die Bundesregierung das Ziel erreichen, kommt sie zudem um millionenschwere Klimaschutz-Strafzahlungen herum. Seit Jahren überschreitet Deutschland die festgelegten EU-Budgets für den Treibhausgasausstoß. Als Ausgleich dafür muss die Bundesregierung zusätzliche Verschmutzungsrechte bei anderen Staaten kaufen, die ihr Budget nicht ausschöpfen. 300 Millionen Euro waren dafür schon im Haushalt eingeplant."[125]

Soweit die ARD-Meldung vom 18. August 2020.

Am 19. August 2020 schrieb die deutsche Bundesregierung auf ihrer Website unter dem Titel „Klimapolitik, Energiewende, Mobilität – Was tut die Bundesregierung für den Klimaschutz?": Deutschland habe sich international zum Klimaschutz „verpflichtet".

Über dieses Wort, man habe sich „verpflichtet", liest man vielfach gerne hinweg und begreift es lediglich als eine politische Willensbekundung. Vielen ist nicht klar, dass es dabei um mögliche „Klimaschutz-Strafzahlungen“ in Milliardenhöhe geht, sofern man der Verpflichtung nicht nachkommt.

Schon im Mai 2019 hatte der Tagesspiegel auf der Grundlage von Berechnungen des Öko-Instituts auf solche potenziellen Strafzahlungen hingewiesen: „Damit verschärfen sich die finanziellen Risiken für den Bundeshaushalt, die durch das Verfehlen der EU-Emissionsvorgaben unter anderem für Verkehr und Gebäudeenergie entstehen.“

Hintergrund ist die 2018 von der EU beschlossene „Verordnung zur Festlegung verbindlicher nationaler Jahresziele für die Reduzierung der Treibhausgasemissionen im Zeitraum 2021 bis 2030 (Lastenteilungsverordnung, 2018/842)“. Diese sieht für die Mitgliedstaaten der EU jährlich sinkende Emissionsrechte für die Sektoren Verkehr, Gebäudeenergie, Landwirtschaft und kleine Industrieanlagen vor. Werden diese Emissionsminderungsziele von einem Land überschritten, dann muss es einem anderen Land Emissionsrechte abkaufen.

Da vor der „Corona-Krise“ erwartet wurde, dass Deutschland seine Emissionsminderungsziele im Jahr 2020 verfehlt, wurde erwartet, dass Deutschland von anderen Ländern Emissionsrechte im Wert von rund 300 Millionen Euro kaufen müsste. Noch sehr viel kritischer waren die Prognosen für die Jahre 2021 bis 2030, in denen die Emissionen um 38 % im Vergleich zum Basisjahr 2005 sinken müssen (Reduktionsverpflichtung der EU insgesamt: 30 %). Im Mai 2019 ging man davon aus, dieses Ziel nur gut zur Hälfte zu erreichen, was für Deutschland extrem teuer werden würde:

„Als Resultat entsteht bis 2030 ein Defizit von 380 Millionen Tonnen CO2. Damit wachsen auch die finanziellen Risiken für die Bundesregierung entsprechend an.“ Bei einem Preis von 100 Euro pro Tonne würden die Belastungen für den

Bundeshaushalt auf 38 Milliarden Euro ansteigen. Agora schätzte die möglichen Strafzahlungen auf 30 bis 60 Milliarden Euro bis 2030.

Mehr noch: Sollten andere EU-Staaten die entsprechenden Emissionsrechte in einem solchen Fall nicht mehr übrig haben, damit Deutschland sie abkaufen könnte, dann „droht ein Vertragsverletzungsverfahren, das in direkte europäische Vorgaben für Deutschland münden kann."[126]

Mit anderen Worten: Entweder reduziert Deutschland freiwillig seine Emissionen in den Sektoren Verkehr, Gebäudeenergie, Landwirtschaft und kleine Industrieanlagen ganz drastisch, oder es erfolgt unter Zwang seitens der EU-Kommission in Verbindung mit dem Europäischen Gerichtshof.

Mit dem „Lockdown" erfolgte 2020 ein Einschnitt, der die Emissionen drastisch absenkte. In der Meldung vom 19. August 2020 schreibt die Bundesregierung: „Mit dem Klimaschutzprogramm 2030 und dem Klimaschutzgesetz stellen wir sicher, dass wir die Klimaschutzziele im Jahr 2030 erreichen. Eine neue CO_2-Bepreisung für Verkehr und Gebäudewärme ist das Herzstück des Programms. Wir verteuern damit den CO_2-Ausstoß in diesen Bereichen." Und:

„Wir wollen (...) unsere Mobilität umbauen"

Die Planerfüllung wird restriktiv überwacht: „Im Frühjahr 2021 startet die erste Erfolgskontrolle nach dem Klimaschutzgesetz. Der jährliche Überprüfungsmechanismus ist zentraler Bestandteil des Gesetzes. Denn wir müssen schnell nachsteuern können, sollte ein Bereich sein jährliches CO2-Minderungsziel verfehlen."

Die Strategie der Europäischen Kommission für einen europäischen Green Deal sei dafür eine wichtige Leitlinie. „Wir begleiten die Kommission bei ihren Arbeiten an einem europäischen

Klimaschutzgesetz, um das Ziel der Klimaneutralität bis 2050 verbindlich festzuschreiben."

Das Zukunfts- und Konjunkturpaket zur Bewältigung der Folgen der Corona-Pandemie sei „mit Investitionen in den Klimaschutz verknüpft".[127]

Die Zeit schrieb bereits am 16. März 2020 unter dem Titel „Deutschland kann Klimaziele 2020 doch noch erreichen": „Die Coronavirus-Pandemie bringt das bereits aufgegebene Klimaziel wieder erkennbar näher."

„Wir werden eine Reduzierung der Emissionen durch Corona erleben. Das ist ja offensichtlich", wird der Chef des Umweltbundesamts Dirk Messner zitiert. „Schon 2009 bei der weltweiten Finanz- und Wirtschaftskrise hatte Deutschland deutlich weniger

Autobahnanzeige in Toronto im März 2020
Foto: EelamStyleZ, CC BY-SA 4.0 <https://creativecommons.org/licenses/by-sa/4.0>, via Wikimedia Commons

Treibhausgase ausgestoßen. So könnten die Viruskrise und ihre Folgen 2020 zu einem Minus beim Ausstoß gegenüber 1990 von 40 Prozent führen", so die Zeit.

Nach Auffassung von Messner und Umweltministerin Svenja Schulze helfe es jedoch nicht, „wenn ein Jahr die Emissionen runtergehen und im nächsten wieder hoch". Corona sei ein einmaliger Ausnahmefall. Er könne aber auch eine Chance bergen, wenn die Menschen jetzt Ergebnissen und Warnungen der Wissenschaft mehr Beachtung schenkten und dies auf die Klimakrise übertrügen. Bei einem Neustart der Wirtschaft nach der Coronakrise stelle sich die Frage: "Wie genau kann Wirtschaft auch wieder starten, dass es nachhaltig ist." Die Antwort von Ministerin Schulze: In der Verkehrspolitik und bei den Gebäuden seien „zusätzliche Maßnahmen" nötig.[128]

Das Auswärtige Amt erließ weiterhin Reisewarnungen mit deutlichen Auswirkungen auf die Zahl der Flugreisen. Den Deutschen wurde zunächst nahegelegt, sie sollten Urlaub in Deutschland machen. Mit Beherbergungsverboten (die von Gerichten zum Teil als verfassungswidrig erklärt wurden) wurden anschließend sogar Urlaube in den Schulferien und Wochenend-Urlaube innerhalb Deutschlands erschwert bzw. faktisch verunmöglicht. Stornierungen von Hotels, Bahn- und Flugreisen wurden „erleichtert". Auch wurde weiter dafür geworben, möglichst im Home-Office zu bleiben. Dies alles sind Maßnahmen, die das Verkehrsaufkommen merklich reduzieren können.

Die Auswirkungen der Maßnahmen auf das Mobilitäts- bzw. Reiseverhalten der Deutschen wird systematisch untersucht, u.a. durch die Auswertung von Mobilfunkdaten der Firma Teralytics. Demnach brach die Mobilität in Deutschland von März bis Juli 2020 – im Vergleich zum gleichen Zeitraum 2019 – stark ein.

Landkreis-genau werden die Daten aller Arten von Bewegungen in allen Verkehrsmitteln erfasst: die von Pendlern und

Touristen ebenso wie die von Joggern, Autofahrten ebenso wie Inlandsflüge. Den Daten zufolge haben Fernreisen, zumal mit dem Flugzeug, aber auch mit dem Zug, deutlich abgenommen. Es gab mehr Bewegungen innerhalb der Landkreise.

Von langer Dauer waren manche der verkehrs-behindernden Maßnahmen nicht. So stieg die Zahl der Bewegungen insgesamt zum Herbst hin wieder an. „Das könnte auch Teile der CO_2-Ersparnisse wieder auffressen, auf die einige wegen der Pandemie hofften", schreibt der Tagesspiegel. „Trotz Beherbergungsverbot und Reisewarnungen" hätten mehr Herbsturlaub als sonst in Deutschland gemacht, „nicht weniger".

Eine Auswertung des Statistischen Bundesamts kam zu ähnlichen Ergebnissen: Die Zahl der Deutschen, die in deutsche Hotels eincheckten, war im August noch niedriger als 2019. Aber während es von Januar bis August zusammengerechnet 40 Prozent weniger inländische Gäste in Unterkünften gab, waren es im August nur noch 15 Prozent weniger.

Relativ wirksam waren die Maßnahmen in den großen Städten. Hier nahm die Mobilität laut Handydaten vielerorts eher ab. Die gesunkene Mobilität in vielen Städten könnte neben den fehlenden Touristen daran liegen, dass viele Berufspendler ihr Büro nach Hause verlagert haben.

„Wie geht es weiter?", fragten die Autoren des Tagesspiegel am 23. Oktober 2020, und verwiesen auf eine Auswertung des Statistischen Bundesamts, wonach in Landkreisen, die als Corona-Hotspots gelten, die Mobilität im Vergleich zu weniger betroffenen Landkreisen um rund 6 Prozent geringer war. In ihrem Fazit rechneten die Tagesspiegel-Autoren im Winterhalbjahr 2020/21 mit einem erneuten Einbruch der Mobilität aufgrund von Corona-Maßnahmen: „Vielleicht ist es mit der neuen Reiselust im Inland also wieder vorbei, wenn bald fast alle Landkreise als Risikogebiete gelten."

Das Statistische Bundesamt erklärte den Wirkungszusammenhang zwischen einer potenziell ansteigenden Anzahl von Positiv-Getesteten, darauf folgenden Restriktionen und rückläufiger Mobilität: So sollen „Beschränkungsmaßnahmen“ wie Sperrstunden und Begrenzungen des Zusammenkommens von Personen aus verschiedenen Haushalten zur Verminderung sozialer Kontakte jeweils in den Landkreisen gelten, in denen die 7-Tage-Inzidenz von mehr als 50 Neuinfektionen je 100.000 Einwohner überschritten wird. „Eine Analyse der Mobilität in Corona-Hotspots“ zeige dann „die Wirkung der Maßnahmen und das Verhalten der Bevölkerung“. Für jeden Landkreis können die Statistiker darlegen, welche Auswirkungen die Beschränkungsmaßnahmen auf das Mobilitätsverhalten (und somit auf den CO_2-Ausstoß) haben.

Ebenso lässt sich auch das „Pendlerverhalten“ in einen Kausalzusammenhang mit den staatlichen Einschränkungen bringen. Als relevant in Bezug auf die Pendlermobilität betrachtet das Statistische Bundesamt den Konjunktureinbruch mit Kurzarbeit („Rekordwert“) und Arbeitslosigkeit, vorübergehende Betriebsschließungen, einen „rasanten Anstieg der Arbeit im Homeoffice“ und nicht zuletzt, dass „Eltern aufgrund der Schließungen von Schulen, Kindergärten und Kindertagesstätten die Betreuung ihrer Kinder in die eigenen Hände nehmen mussten. – Dies schlägt sich auch auf das Mobilitätsverhalten der Arbeitsbevölkerung nieder“, resümieren die Statistiker aus Wiesbaden.[129]

Die aufwändigen Auswertungen der Statistiker liefern der Politik zeitnah Daten, wie und in welchem Umfang die „Corona-Maßnahmen“ die Mobilität und somit die CO_2-Emissionen des Verkehrssektors beeinflussen.

Im November 2020 wurde der Zusammenhang zwischen dem Mobilitätsverhalten der Bevölkerung und der Länge des zweiten

Lockdowns in diesem Jahr erneut zum Thema: „Corona in Hessen: Mobilität ging zurück – Lockdown möglicherweise zu kurz", so die Zwischenüberschrift einer Meldung der Frankfurter Neuen Presse, die schreibt: „Generell sei der Rückgang nicht mit dem ersten Teil-Lockdown vergleichbar. Während im Frühjahr das öffentliche Leben weitgehend zum Stillstand kam, sei es durch den zweiten Lockdown nur verlangsamt worden. Um diese Aussage zu begründen, nimmt die ‚Hessenschau' Handydaten zur Hand. Die zeigen, dass sich vor allem in den stark betroffenen Gebieten im Rhein-Main-Gebiet und den Großstädten die Mobilität verringert habe. Insgesamt sei sie aber nur leicht zurückgegangen. (…) Vermutlich werden die vier Wochen Lockdown im November nicht ausreichen, (…)"[130]

Schon werden globale Langfrist-Effekte der „Corona-Maßnahmen" abgeschätzt. Immerhin wurden fast weltweit Teile der Wirtschaft zum Stillstand gebracht. Je nach weiterem Verlauf der Krise hält der Ölmulti BP einen Einbruch des globalen Bruttoinlandsprodukts BIP bis 2025 um 4 % und bis 2050 um fast 10 % für möglich.[131]

Demnach wird mit jahrzehntelangen wirtschaftlichen Folgewirkungen der aktuellen Eingriffe in die Weltwirtschaft gerechnet.

In vergleichbarer Weise demonstriert auch die Internationale Energieagentur (IEA) in mehreren Diagrammen, wie die globalen „Corona-Maßnahmen" das BIP, den Energieverbrauch, die Ölnachfrage und die CO_2-Emissionen beeinflussen. Die angenommene, „verzögerte" wirtschaftliche Entwicklung aufgrund der „Corona-Maßnahmen" („Delayed Recovery Scenario") führt laut IEA-Prognose aber nicht ganz zum erwarteten Ergebnis: Zwar sei eine viel langsamere Erholung der Emissionen als nach der Finanzkrise 2008-09 zu erwarten. Allerdings käme es „nicht zu einer entscheidenden Trendwende bei den globalen CO_2-

Emissionen“. Ein geringfügig geringerer Emissionsverlauf sei „eher auf eine geringere wirtschaftliche Aktivität als auf strukturelle Veränderungen in der Art und Weise, wie Energie verbraucht oder produziert wird, zurückzuführen. Eine höhere Kohlenstoffintensität der Wirtschaft in diesem Szenario veranschaulicht die Gefahr, ein niedriges Wachstum für eine Lösung des Klimawandels zu halten.“

Die IEA konstatiert also, dass die „Corona-Maßnahmen“ bislang noch nicht dazu geführt haben, die Art des Wirtschaftens zu verändern. Nur durch das IEA-Programm für nachhaltige Entwicklung („IEA Sustainable Recovery Plan“) könnten die Emissionen bis 2030 stark abgesenkt werden, so die IEA, was zu deutlich saubererer Luft führe als während des Lockdowns 2020.[132]

In einem Bericht über die IEA-Prognose mit dem Tittel „Wie Corona den Energiemarkt neu ordnet“ zieht das Handelsblatt ein bemerkenswertes Fazit, ohne auf die neuesten Erkenntnisse von Virologen oder Epidemiologen Bezug zu nehmen, so als ginge es bei den „Corona-Maßnahmen“ nicht um ein Virus, sondern um ein Molekül (CO_2):

„Corona verändert das Machtgefüge der Energiewelt. Wie schnell sich dieser Wandel vollziehen wird, hängt aber vor allem davon ab, wie lange die Krise andauert. Eins macht IEA-Direktor Birol allerdings deutlich: ‚Auch wenn die CO_2-Emissionen in diesem Jahr rekordverdächtig gesunken sind, reicht das nicht aus, um die Emissionen auch in Zukunft niedriger zu halten.‘“[133]

Die Dauer der „Corona-Krise“ ist demnach entscheidend für den „Wandel“ der Energiewelt bzw. für die Art des Wirtschaftens und für die CO_2-Emissionen.

Am 24. Dezember 2019 hatte Bundestagspräsident Wolfgang Schäuble an die Deutschen appelliert, sich zugunsten des Klimaschutzes auf Abstriche in ihren Lebens- und

Konsumgewohnheiten einzustellen. Er betonte die Notwendigkeit des Verzichts. "Es gibt Klimaschutz nicht zum Nulltarif", so Schäuble. „Wir werden unser Leben verändern müssen."

Als Beispiel nannte er den Massentourismus. „Sicher ist es ein großes Glück, einfach mal auf die Malediven zu fliegen oder Venedig zu besuchen. Aber künftig sollten wir von diesem Glück sparsameren Gebrauch machen," so der Präsident des Deutschen Bundestages im Dezember 2019.[134]

Die kurz darauf verordneten „Corona-Maßnahmen" führten dazu, dass die Passagierzahlen im deutschen Flugverkehr von Januar bis September 2020 um 60 % zurückgingen. Weltweit führten die Maßnahmen zu einem Rückgang der Flugpassagiere um 66 %. „Zwei Drittel des globalen Flugverkehrs findet derzeit praktisch nicht statt", heißt es auf dem Portal „Klimaretter".[135]

Import synthetischer Kraftstoffe?

Neben Elektroautos und Maßnahmen zur Reduktion des Verkehrs werden verstärkt auch synthetische Kraftstoffe, so genannte SynFuels in die Diskussion eingebracht, mit denen Autos, aber auch Lastkraftwagen, Schiffe und Flugzeuge betrieben werden könnten.

Eine umfassende Bewertung dieser Thematik ist hier nicht möglich. Es sollen jedoch einige Hinweise gegeben werden, die zumindest eine gewisse Einordnung ermöglichen könnten.

Im Kern geht es wie bei den chemischen Langzeitspeichern um die Gewinnung von Wasserstoff (durch Wind- und Solarstrom), aus dem durch weitere chemische Umwandlung flüssige Kohlenwasserstoffe gewonnen werden, mit denen Verbrennungsmotoren betrieben werden können.

Wie aus den vorherigen Erörterungen hervorgeht, ist das Potenzial für Wind- und Solarenergieanlagen in Deutschland nicht ausreichend, um neben dem klassischen Strommarkt auch noch den Wärme- und den Verkehrsmarkt mit Energie zu versorgen. Das gilt ebenso und erst recht für den „Umweg“ über synthetische Kraftstoffe, da dafür noch weitaus mehr Strom benötigt werden würde.

Daher weisen die Protagonisten synthetischer Kraftstoffe zu Recht darauf hin, dass diese – ebenso wie die heutigen Kraftstoffe – importiert werden müssten.

Doch selbst wenn andere Länder zum Teil größere Flächen und günstigere klimatische Verhältnisse haben mögen, so stellt sich ganz generell die Frage, auf welche Weise eine Welt-Produktion synthetischer Kraftstoffe CO_2-frei erfolgen könnte. Denn es würde sich natürlich nicht um exklusive Produktionen für den deutschen Markt handeln, so wie es aus deutscher Perspektive gelegentlich diskutiert wird.

Unterstellt, es wäre global genügend Wind- und Solarstrom als Quelle für die Erzeugung des Zwischenprodukts Wasserstoff verfügbar, dann stellt sich die Frage nach den Wirkungsgradverlusten in der Prozesskette bis hin zur Fahrleistung auf der Straße.

Aufgrund der zahlreichen einzelnen Schritte fallen bei der Herstellung von synthetischen Kraftstoffen hohe Wirkungsverluste an. Von der im Prozess eingesetzten Energie bleiben in der "Well-to-Wheel"-Betrachtung am Ende nur 10 % bis 18 % übrig.

Denn zunächst muss man mit Strom aus Wasser per Elektrolyse Wasserstoff machen, dabei gehen die ersten 25 % bis 30 % Energie als Abwärme verloren. Dann muss CO_2 aus der Luft eingesammelt werden, um aus dem Wasserstoff synthetisches „Benzin“ oder „Diesel“ herzustellen. Bei diesem Herstellungsprozess gehen erneut 40 % der Energie verloren. Und am Ende verbrennt man den teuren Stoff dann in einem klassischen

Verbrennungsmotor. „Schlussendlich werden 13, wenn man die Prozesse noch optimieren kann vielleicht mal irgendwann 18 % der Primärenergie tatsächlich in Antriebskraft umgewandelt.[136]

Das aber bedeutet, dass es wohl sehr schwer werden würde, genügend Wind- und Solarstrom zu erzeugen, um auf diese Weise auch nur einen nennenswerten Teil der globalen Motorisierung aufrechtzuerhalten.

Die Bundesregierung bestätigt die Probleme: „Die Auswirkungen der Bereitstellung von Wasserstoff und synthetischen Kraftstoffen auf die Stromerzeugungskapazitäten hängen wesentlich vom zukünftigen Mengenbedarf dieser Energieträger ab. Ferner spielt eine wesentliche Rolle, in welchem Umfang diese Energieträger in Deutschland erzeugt oder importiert werden. Angesichts der Umwandlungsverluste, die mit der Erzeugung dieser Energieträger verbunden sind, und der begrenzten Flächenpotenziale in Deutschland werden insbesondere synthetische Kohlenwasserstoffe im Falle einer umfangreicheren Nutzung perspektivisch auch importiert werden müssen."[137]

Die Deutsche Bank Research bezeichnet es als einen „Mythos der Verkehrswende", dass synthetische Kraftstoffe fossile (schon bald) ersetzen könnten, ebenso wie es ein Mythos sei, das Klima durch Elektromobilität retten zu wollen.

„Einige Hindernisse" stünden der Markteinführung von synthetischen Kraftstoffen noch im Weg. Ihre Herstellung an sich sei recht energieintensiv (inklusive Wandlungsverluste). Zudem sei die Herstellung von synthetischen Kraftstoffen derzeit und auf absehbare Zeit noch sehr teuer. „Beides sind Gründe, warum die Erfolgschancen im Massenmarkt in naher Zukunft gering sind."[138]

Das schließt natürlich nicht aus, dass die Ölmultis für eine zahlungskräftige Kundschaft zeitnah „synthetische Kraftstoffe mit Biosiegel" auf den Markt werfen könnten.

Bei den synthetischen Kraftstoffen stellt sich insofern ähnlich wie bei der Elektromobilität die Frage, ob es um alltagstaugliche Mobilitätskonzepte für rund 7 Milliarden Menschen geht, oder um die Schaffung eines Luxussegments für wenige.

Möglicherweise gehen Protagonisten synthetischer Kraftstoffe letztlich davon aus, dass der dafür erforderliche Strom in Atomkraftwerken produziert werden wird.

Gefährdung der Fernwärmeversorgung

„Sektorkopplung“ (auch Sektorenkopplung oder Integrated Energy genannt) wird nicht nur im Verkehr, sondern auch im Wärmemarkt als ein Schlüssel der Energiewende propagiert.

Dabei wird vielfach übersehen, dass die kommunale wie auch die industrielle Energiewirtschaft seit Jahrzehnten schon sehr erfolgreich Sektorkopplung betreiben: Typische kommunale „Steinkohle-Heizkraftwerke“ produzieren sowohl Strom als auch Fernwärme. Das ist nichts anderes als eine hoch-effiziente Nutzung des Primärenergieträgers, um zwei Sektoren mit Endenergie zu versorgen. Kraft-Wärme-Kopplung ist eine andere Bezeichnung dafür, ressourcen-schonend sowohl Strom als auch Wärme zu produzieren.

In der aktuellen Diskussion um möglichst schnelle Stilllegungsfristen für Kohlekraftwerke gerät gelegentlich aus dem Blick, dass damit die Fernwärmeversorgung der Städte gefährdet sein könnte. Dabei geht es um die Gefährdung des existenziellen Grundbedürfnisses nach Raumwärme, keinesfalls um verzichtbaren Luxus. In der öffentlichen Diskussion wird gelegentlich großzügig übersehen, dass mit der Stilllegung von Steinkohle-Heizkraftwerken ganze Stadtteile bzw. Millionen Menschen nicht mehr mit Wärmeenergie versorgt werden könnten.

In der Kohlekommission war man sich dieses Problems selbstverständlich bewusst und propagierte nicht umsonst Gas-Heizkraftwerke als Ersatz für Kohle-Heizkraftwerke, um die Fernwärmeversorgung und die Produktion industrieller Prozesswärme aufrechterhalten zu können.

Nun wird aber mit Begrifflichkeiten wie „Gaswende“ in der Öffentlichkeit auf fahrlässige Weise suggeriert, man könne nach der Stilllegung von Atom- und Kohlekraftwerken problemlos auch auf Erdgaskraftwerke verzichten, ohne zu thematisieren, ob dann die Menschen in den mit Fernwärme versorgten Stadtteilen im Winter künftig auf das Beheizen ihrer Wohnungen verzichten sollen. Ganz zu schweigen davon, dass die meisten Häuser und Wohnungen im Winterhalbjahr mit Hilfe der Verbrennung von Öl oder Gas beheizt werden und auch im Sommerhalbjahr die Warmwasserbereitung überwiegend von diesen Energieträgern abhängt.

Viele Fragen der Energiepolitik mögen recht abstrakt und schwer verständlich sein. Die Frage aber, ob durch einen kurzfristigen Verzicht auf Kohle, Erdöl und Erdgas das Grundbedürfnis nach Raumwärme beeinträchtigt sein könnte, kann jeder auf sehr einfache Weise experimentell selbst überprüfen, indem er im Winter die Thermostate an den Heizkörpern auf null stellt. Unter den klimatischen Bedingungen Europas könnte das selbst dann recht ungemütlich werden, wenn das Gebäude passabel wärmeisoliert ist.

Da hier das weite Feld des Wärmesektors nur gestreift werden soll, zurück zur Fernwärme, da diese meist an den Stromsektor gekoppelt ist: Die Kohlekommission betont in ihrem Abschlussbericht, dass die Fernwärmenetze vor allem im urbanen Raum über 5,8 Mio. Haushalte mit Wärme versorgen. Auch Industrie und Gewerbe sind zu einem erheblichen Teil Abnehmer von

Fernwärme, die zum Beispiel als Prozesswärme oder zur Beheizung von Produktionsstätten eingesetzt wird.

Die Fernwärmeversorgung wird zwar nicht von kohlebetriebenen Heizkraftwerken dominiert. Doch in den betroffenen Städten würde laut Kohlekommission eine kurzfristige Stilllegung von Kohle-Heizkraftwerken (Kohle-KWK) „zu ganz erheblichen Herausforderungen für die Wärmeversorgung führen. Dies ist insbesondere der Fall, wenn der stillzulegende Kohle-KWK-Block der Haupterzeuger in dem Fernwärmenetz ist. In vielen Fällen ist die Schaffung einer CO_2-armen Ersatzlösung für die Wärmeproduktion erforderlich. Die sichere Wärmeversorgung (Fern- und Prozesswärme) muss dabei jederzeit und vollumfänglich gewährleistet sein.“[139]

Als „CO_2-armen Ersatzlösung“ ist in der Regel die Umrüstung der Heizkraftwerke von Steinkohle auf Erdgas gemeint. Was „auf dem Papier“ als leichtgängig, kurzfristig machbar und als zielführend erscheinen mag, erweist sich in der Realität als nicht ganz unproblematisch.

Der Verband Kommunaler Unternehmen (VKU), der viele Betreiber kommunaler Heizkraftwerke (KWK-Anlagen) vertritt, schrieb im Januar 2020 in seiner Stellungname zum Kohleausstiegsgesetz:[140] „Dies könnte jedoch dazu führen, dass die notwendigen Vorlaufzeiten für den Ersatz von – in der Regel größeren – KWK-Anlagen auf Steinkohlebasis durch Gas- oder erneuerbare Wärmeerzeugungsanlagen nicht eingehalten werden können und damit die Versorgungssicherheit in der Fernwärmeversorgung akut gefährdet würde.“

Die mögliche Gefährdung der Versorgungssicherheit in der Fernwärmeversorgung wurde in München sehr handfest durchdekliniert: Der Technische Geschäftsführer der Stadtwerke München, Helge-Uve Braun, sagte bei der öffentlichen Anhörung zum Kohleausstiegsgesetz am 25. Mai 2020, dass die Stilllegung von Kohlekraftwerken erst erfolgen könne, wenn ausreichend Leistung durch Gas-KWK-Anlagen am Markt verfügbar sei.[141]

Schon 2019 haben die Stadtwerke München mitgeteilt, dass man die Stilllegung des Steinkohleblocks des „Heizkraftwerks Nord“ (Block 2) wegen einer „Deckungslücke in der Fernwärmeversorgung“ verschieben müsse.

Denn: Alle Versuche, die aus der Abschaltung resultierende Lücke von 420 MW in der Fernwärmeversorgung zu schließen, seien gescheitert.

Im Oktober 2019 hat auch die Bundesnetzagentur das Heizkraftwerk Nord (stromseitig) als systemrelevant eingestuft und eine Stilllegung vorläufig untersagt.[142]

Das Heizkraftwerk Reuter-West (Steinkohle) versorgt fast eine halbe Million Haushalte Berlins mit Fernwärme
Foto: Alexrk2 / CC BY-SA (https://creativecommons.org/licenses/by-sa/3.0)

Der Fall des Münchener Heizkraftwerks soll und kann hier nicht bewertet werden. Es soll an dieser Stelle nur darum gehen, darauf hinzuweisen, dass der propagierte Verzicht auf Steinkohle-Heizkraftwerke zur Strom- und Fernwärmeversorgung augenscheinlich zu erheblichen Schwierigkeiten in den betroffenen Städten führen kann.

Elektroheizungen führen zu Lastspitzen im Stromnetz

Neben der Fernwärme werden neuerdings insbesondere Elektroheizungen für die Gewinnung von Raumwärme und Warmwasser propagiert. Es lohnt daher zunächst ein Blick auf die Dimension der Herausforderung:

Die für Wärmezwecke erforderlichen Energiemengen sind weitaus höher als der heutige Stromsektor. Im Jahr 2018 lag der Bruttostromverbrauch Deutschlands bei 2.087 Petajoule PJ (579,7 Mrd. kWh). Der gesamte Energiebedarf für Wärmezwecke (Raumwärme, Prozesswärme, Warmwasser) in privaten Haushalten sowie Industrie, Gewerbe, Handel und Dienstleistungen hingegen lag hingegen bei 4.775 PJ, also mehr als doppelt so viel.

Ein erheblicher Teil des Wärmebedarfs fällt mit der Raumwärme (2.289 PJ) fast ausschließlich im Winterhalbjahr an, wenn auch der Strombedarf bisher schon im Allgemeinen höher ist als im Sommerhalbjahr, und zusätzlich auch die Prozesswärme und Warmwasser bereitgestellt werden müssen. In sehr kalten Wintern kann der Raumwärmebedarf noch erheblich größer sein.[143]

Aktuell wird gelegentlich der Eindruck erweckt, man könne zusätzlich zum normalen Stromsektor auch noch Mobilität und Wärme problemlos mit Strom aus erneuerbaren Energien, großteils also durch einen weiteren Ausbau von Wind- und

Solarstromanlagen bereitstellen. Dabei sollte man sich die Dimension des Problems anhand der genannten Zahlen vorstellen.

Wollte man dann noch den Wärmebedarf mit elektrischem Strom decken, dann würde der Strombedarf auf einen extrem hohen Level ansteigen.

Nimmt man beispielhaft die Stromerzeugung und den Strombedarf in der Zeit vom 20. bis zum 24. Januar 2019 (siehe Diagramm), so sieht man, dass konventionelle Kraftwerke den Großteil der Stromerzeugung stemmen mussten.

Würde man Mobilität und Wärme zusätzlich noch über elektrischen Strom bereitstellen wollen, dann läge die Stromverbrauchskurve in dem Diagramm weit über dem Wert von rund 80 GW.

Wie oben gezeigt, könnten allein die bis 2030 geplanten eine Million Ladepunkte für Elektroautos den Strombedarf auf 130 GW (bis 430 GW) ansteigen lassen. Dabei hätte man aber nur einen geringen Teil des Verkehrssektors mit Energie versorgt (nur einen vergleichsweise geringen Pkw-Bestand, keine Bahnen, nicht den Transportsektor etc.).

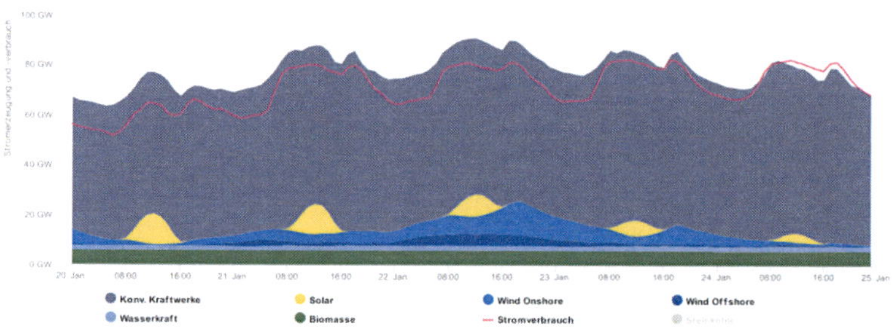

Stromerzeugung und -verbrauch 20. - 24.01.2019
Agora Energiewende (2020): Agorameter

Daher war es jahrzehntelang praktisch ein Dogma der Energiewende-Befürworter, Strom dürfe nicht für die Wärmeproduktion eingesetzt werden. Vielfach wurde gefordert, elektrische Nachtspeicherheizungen zu verbieten.

Seit es aber um die Mittagszeit und bei guten Windverhältnissen, insbesondere im Sommerhalbjahr, immer wieder eine Strom-Überproduktion gibt, wird erneuerbar erzeugter Strom als mögliche Heizenergie positiv ins Gespräch gebracht. Die Sektorkopplung zwischen Strom- und Wärmemarkt erscheint dabei als Lösung aller Energieprobleme: Ein einfacher elektrischer „Heizstab" im Pufferspeicher macht's möglich, aus überschüssigem Wind- und Solarstrom die Warmwasserbereitung zu unterstützen. Eine „Elektrifizierung" scheint alle Energieprobleme elegant vom Tisch zu wischen.

Natürlich kann der „Heizstab im Pufferspeicher" punktuell ein Mittel sein, um eine eigentlich unerwünschte Strom-Überproduktion „irgendwie sinnvoll zu verwerten", statt Windenergie- oder Solaranlagen vom Netz nehmen zu müssen – oder den Strom zu Negativ-Preisen in Nachbarländer exportieren zu müssen, in denen bei günstigen Wetterverhältnissen künftig zeitgleich ein Strom-Überangebot bestehen könnte.

Den gewaltigen Energiebedarf des Wärmsektors kann man mit solchen Heizstäben aber natürlich nicht im Ansatz decken. „Sektorkopplung" ist an dieser Stelle ein großes Wort für praktisch vernachlässigbare Energiemengen.

Natürlich sind es nicht solche Heizstäbe, um die es in erster Linie geht. Vielmehr soll zum einen der Wärmebedarf durch Wärmedämm-Maßnahmen drastisch abgesenkt werden und zum anderen sollen elektrische Wärmepumpen die dann noch notwendige Wärme bereitstellen.

In der Tat werden seit Jahrzehnten große Hoffnungen in die Wärmedämmung von Gebäuden gesetzt, um den

Raumwärmebedarf drastisch abzusenken. Die Deutschen dämmen seit Jahrzehnten schon wie die Weltmeister, so dass nun, im Jahr 2020 umfangreiche Praxiserfahrungen vorliegen:

Der „Wärmemonitor 2019“, eine Studie des Deutschen Instituts für Wirtschaftsforschung (DIW) und des Essener Energie-Dienstleisters Ista, kommt zum Ergebnis, dass der Heizenergiebedarf je Quadratmeter beheizter Wohnfläche in Wohngebäuden klima- und witterungsbereinigt, also unter Berücksichtigung milder Winter, 2019 ungefähr auf demselben Niveau wie 2010 lag. Im Laufe der Jahre war der Heizenergiebedarf zwar teilweise gesunken, zwischen 2015 und 2018 war er aber sogar wieder angestiegen. „In den letzten zehn Jahren ist also nicht viel passiert“, konstatiert DIW-Mitarbeiter Jan Stede.

Dies, obwohl nach Angaben der Bundesregierung allein nur von 2010 bis 2018 insgesamt 496 Milliarden Euro in die energetische Gebäudesanierung geflossen sind. Der Bundestagsabgeordnete Daniel Föst meint dazu: „Die Bundesregierung verbrennt Milliarden völlig wirkungslos im Klimaschutz. Die Kosten für diese verfehlte Politik tragen die Mieter.“ Thomas Zinnöcker, CEO des an der Studie beteiligten Energie- und Immobiliendienstleisters Ista, sieht das ähnlich: „Die nüchterne Bilanz von zehn Jahren Gebäudesanierung zeigt: Energetische Sanierung führt nicht automatisch zu weniger CO_2.“

Demgegenüber sollen nach Ansicht des DIW energetische Sanierungen „auf jeden Fall“ „noch stärker gefördert“ werden, offenbar ohne die eigenen Studienergebnisse einer (selbst-)kritischen Würdigung zu unterziehen.[144]

Unterm Strich ist nüchtern zu konstatieren, dass die seit den 1970er Jahren propagierten und umfänglich realisierten Gebäudesanierungen nicht dazu geführt haben, den Wärmebedarf wie prognostiziert abzusenken.

Des Weiteren ist zu prüfen, welche Effekte die neuerdings wieder propagierten Elektrowärmepumpen haben werden, für die schon in den 1970er Jahren geworben wurde. Das Energiewirtschaftliche Institut an der Universität zu Köln (EWI) rechnet bei verstärkter Verwendung von Elektrowärmepumpen damit, dass die Versorgungssicherheit in kalten Wintern bis 2030 sinkt, weil der für die Wärmepumpen benötigte Strom zu gefährlichen „Lastspitzen" führt. Das EWI hat gemeinsam mit dem französischen Beratungsunternehmens E-CUBE Strategy Consultants untersucht, wie das Stromsystem in Deutschland, Frankreich, Dänemark und den Benelux-Staaten auf Kälteperioden im Jahr 2030 reagieren könnte.

„Mit Grünstrom betriebene Wärmepumpen sollen die Energiewende im Gebäudesektor vorantreiben. Doch bei Kälte treiben sie die Lastspitzen nach oben", schreibt das EWI. Um Versorgungslücken in Nordwesteuropa zu vermeiden, seien robuste und gut koordinierte Ausbaupläne gefragt. Das Risiko von Lücken in der Stromversorgung bei Kälte steige bis zum Jahr 2030.

Eglantine Künle vom EWI weist zudem auf das Problem hin, dass der Wirkungsgrad von Wärmepumpen sinkt, je kälter es wird. Es müsse in sehr kalten Wintern dann „also überproportional viel Strom zum Heizen eingesetzt werden. Für die Versorgungssicherheit ist es zentral, wie groß dieser Effekt genau ist." Eine solche Abschätzung sei allerdings „mit vielen Unsicherheiten verbunden".

Es hänge von mehreren Parametern ab, wie leistungsfähig Wärmepumpen tatsächlich sind. „Ihre reale Effizienz ist in der Regel geringer als die Effizienz, die während der Zertifizierung festgestellt wird. Das liegt u.a. an sich ändernden Betriebspunkten, Über- oder Unterdimensionierung von Wärmepumpen, Feuchtigkeit, Über- oder Unterladung des Arbeitsmittels."

Da die Investitionszyklen insbesondere im Gebäudesektor sehr lang sind, hängt die Versorgungssicherheit bei Kälte im Jahr 2030 von Entscheidungen ab, die heute getroffen werden. „Bis zum Jahr 2050 könnte sich das Problem der Spitzenlast in kalten Wintern noch verschärfen."[145]

Die Strategie, nun ganz wesentlich auf strombetriebene Wärmepumpen zu setzen, würde also den Strombedarf und die Spitzenlast im Winterhalbjahr weiter dramatisch erhöhen. Nur am Rande sei in diesem Zusammenhang der hohe und wachsende Strombedarf für das Internet erwähnt.

Zur Erinnerung: Das Umweltbundesamt sieht die installierbare Spitzenleistung der Windenergie an Land auf 80 GW begrenzt, was einer gesicherten Leistung von rund 0,8 GW entspricht. Damit lassen sich keine Stromüberschüsse generieren, um Elektrowärmepumpen zuverlässig betreiben zu können.

Eine massive Ausweitung der Elektromobilität in Verbindung mit der Verbreitung von Elektrowärmepumpen und anderen Stromheizungen könnte sehr schnell zum Kollabieren des Stromversorgungssystems führen.

Es stellt sich also die Frage nach sonstigen relevanten Ansätzen für die Bereitstellung von Raumwärme. Schon seit den 1980er und 1990er Jahren realisierte Pilotprojekte u.a. in Schweden, Dänemark, Österreich und Deutschland setzen auf die direkte Wärmegewinnung mit Sonnenkollektoren im Sommerhalbjahr. Die gewonnene Energie wird hierbei in sehr großen saisonalen Wärmespeichern bis ins Winterhalbjahr gespeichert und dann über Nahwärmenetze in Wohngebieten verteilt. Voraussetzung solcher „solaren Nahwärmesysteme" ist ein sehr niedriger Heizwärmebedarf der versorgten Gebäude.

Das Institut für Energie- und Umweltforschung (ifeu) und die Deutsche Energie-Agentur schätzen das langfristige Potenzial auf rund 25 % bis 30 % des Wärmebedarfs. Die äußerst geringen

Erfolge bei der energetischen Wärmesanierung im Gebäudebestand (siehe oben) stellen für diesen Ansatz allerdings ein erhebliches Problem dar. Ebenso die Verfügbarkeit geeigneter Flächen. Die Auswertung der Pilotprojekte deutet darauf hin, dass es weiteren Entwicklungsbedarf gibt.[146]

Eine kurzfristige Erschließung des Potenzials ist jedenfalls allein schon wegen des gewaltigen baulichen Aufwands völlig ausgeschlossen. Kurzfristige „Heizungsverbote“ sind auch auf dieser Basis jedenfalls nicht begründbar. Ein grundlegender Umbau des Wärmemarkts wäre ein Jahrhundertprojekt und nicht ohne technische Risiken.

6. Transformation von Wirtschaft und Gesellschaft

Die vorstehenden Erörterungen zeigen, dass die Aufrechterhaltung einer zuverlässigen Energieversorgung in Frage steht.

Einer Studie im Auftrag des baden-württembergischen Energieministeriums zufolge kann es bereits in Kürze zu „Versorgungslücken“ kommen.[147]

Die Große Transformation hat erwartungsgemäß zur Folge, dass der Strom zunehmend knapp wird und dann bestimmte Verbraucher oder Gebiete zeitweise nicht mit Strom versorgt werden können. Es ist der Einstieg in eine StromMangelWirtschaft. Es ist ein sehr risikoreicher Umbau von Wirtschaft und Gesellschaft.

Das Versprechen: Energiewende ohne Wohlstandsverluste

Die „Energiewende“ wurde konzeptionell entworfen und seit 1980 propagiert als ein Umbau des Energiesystems ohne Wohlstandsverluste. "Energiewende – Wachstum und Wohlstand ohne Erdöl und Uran“, so lautete der Titel des Grundlagenwerks der Energiewende des Öko-Instituts von 1980. Man versprach sogar "erhebliche Wohlstandssteigerungen": Mit einer Umorientierung der Energiepolitik sei "mehr Wohlstand mit weniger

Energie" möglich. Vorgeschlagen wurde damals ein Energiemix aus Kohle, Biomasse, Sonne, Wind und Wasser. Auf den Einsatz von Atomenergie könne „schon kurzfristig verzichtet werden“.[148]

Grundlage der Energiewende war es, den Wohlstand nicht zu gefährden. Das energiepolitische Zieldreieck "Wirtschaftlichkeit, Umweltverträglichkeit und Versorgungssicherheit" wurde in keiner Weise in Frage gestellt.

Im Gegenteil: Regelmäßig wurde in den 1990er Jahren – auf der Basis des damaligen Kraftwerksparks – mit Studien der Nachweis geführt, dass auch bei einem Atomausstieg „die Lichter nicht ausgehen“ würden. So wurde beispielsweise 1991 festgestellt: „Die technische Machbarkeit dieses Sofortausstiegs ist bei den heute gegebenen Kraftwerksparken in West- und Ostdeutschland sowie dem derzeitigen Bedarf an Strom und gesicherter Leistung möglich (vgl. im Einzelnen ÖKO 1990).“[149]

So war denjenigen, die eine Energiewende propagierten, stets daran gelegen, die Versorgungssicherheit und den Wohlstand nicht zu gefährden.

Spätestens im vergangenen Jahrzehnt vollzog sich in dieser Hinsicht ein schleichender Paradigmenwechsel, der hier nur kurz angedeutet werden soll.

Propagiert wird nun eine „neue Genügsamkeit“, bei der es darum geht, "Wohlstandsballast" abzuwerfen. Menschen würden zusehends an Wohlstand erkranken. „Mehr Glück dank weniger Wohlstand“, heißt eine der Formeln. Verzicht sei deshalb gesund und könne heilen. Propagiert wird ein „Minimalismus“, beispielsweise ein Leben im Tiny House.

Mit der „SUV-Debatte“ im Jahr 2019 gelang es schließlich, eine solche Ökonomie des Verzichts in einigen gesellschaftlichen Milieus populär zu machen.[150]

Wirklich intensiv und differenziert erörtert und in den volkswirtschaftlichen Konsequenzen durchdekliniert wird dieser Paradigmenwechsel nicht. Die Bedeutung einer zuverlässigen Energieversorgung spielt in der Energiewende-Diskussion eine zunehmend nachrangige Rolle.

In den aktuellen Debatten wird nur wenig genauer erörtert und nachgefragt, ob lediglich das eine oder andere Luxusgut auf den Prüfstand gestellt werden soll, oder ob es unterm Strich um eine Gefährdung existenzieller Grundbedürfnisse gehen könnte.

Es stellt sich die Frage, wie gesund eine StromMangelWirtschaft mit substanziellen Wohlstandsverlusten wäre und wie glücklich dies machen würde. Die Attraktivität Deutschlands in der Welt würde es vermutlich nicht erhöhen und zudem auch nicht dazu beitragen, dass die deutsche Energiewende – auf freiwilliger Basis – breit nachgeahmt wird.

Diejenigen, die – abweichend vom ursprünglichen Versprechen – den Wohlstand dieses Landes bzw. Europas substanziell unterminieren möchten, sollten dies offen sagen und sich diesbezüglich einem ehrlichen, demokratischen Willensbildungsprozess stellen.

Heizungs-Verbote, CO2-Abgabe, Energiearmut

Obwohl wie oben dargelegt der Heizwärmebedarf trotz aller Dämmmaßnahmen kaum rückläufig ist, und völlig unklar ist, wie man die gewaltigen Wärmemengen zuverlässig bereitstellen kann, kam es schon zu ersten Heizungsverboten.

So wurde 2019 beschlossen, dass in vielen Fällen ab 2026 keine (reinen) Ölheizungen mehr in Wohngebäude eingebaut werden dürfen.

Zeitgleich diskutierten die Grünen über sehr viel weitreichendere Heizungs-Verbote. Ein Antrag der Parteispitze für den Parteitag im November 2019 sah ursprünglich vor, „dass Ölheizungen sofort und fossile Gasheizungen ab 2025 nicht mehr eingebaut werden“. Es solle zu einem „Ersatz der fossilen Erdgasversorgung“ kommen.[151]

In den Niederlanden ist man wie so oft schon „einen Schritt weiter“. Seit dem 1. Juli 2018 ist es verboten, neue Häuser mit Erdgas zu heizen. In Dänemark gelten schon länger Verbote für neue Öl- und zum Teil auch für Gasheizungen, bezogen auch auf den Gebäudebestand.[152]

Die in Deutschland aktuell geltenden Einschränkungen für die Installation neuer Ölheizungen betreffen ebenfalls nicht nur Neubauten, sondern ebenso den Gebäudebestand. Darüber hinaus dürfte die im Oktober 2020 beschlossene CO_2-Abgabe eine gravierende Wirkung entfalten.

Der Bundestag beschloss eine Abgabe auf den Treibhausgas-Ausstoß der Brennstoffe von 25 Euro pro Tonne CO_2. Diese wirkt wie eine Steuer und soll in Stufen bis 2025 „zunächst“ auf 55 Euro ansteigen. Nach 2025 soll die Abgabe noch weiter ansteigen. Autofahrer, Mieter und Wohnungseigentümer müssen ab 2020 mehr für Sprit, Heizöl und Gas bezahlen.

Mit dieser „CO_2-Bepreisung“ möchte man die „großen Problemsektoren Verkehr und Wärme“ in den Griff bekommen,[153] bei denen sich in den vergangenen Jahrzehnten gezeigt hatte, dass „technische Lösungen“ nicht zum gewünschten Ziel der Verbrauchsreduktion bzw. CO_2-Verminderung geführt haben. Wohl allein der weitreichende Verzicht auf Mobilität und Wärme könnte radikale Verminderungen herbeiführen, weswegen man mit steten Preissteigerungen nun diese Energiedienstleistungen Schritt für Schritt massiv einschränken möchte.

Dieses „Öko-Steuer-Konzept“ wurde schon in den 1990er Jahren intensiv und sehr kontrovers diskutiert, damals überwiegend verworfen, da es um härteste Einschränkungen von Grundrechten und Grundbedürfnissen geht, um substanzielle Wohlstandsverluste, unter denen möglicherweise drei Viertel der Gesellschaft, also die unteren und die abstürzenden mittleren Schichten, massiv zu leiden hätten.

Auch unter Berücksichtigung gewisser „sozialer“ Kompensationsmaßnahmen, die, wären sie wirksam, zur Zielverfehlung führen würden, sind vermutlich schwere soziale Verwerfungen zu erwarten, wenn jedes Jahr stärker über den Preis entschieden wird, wer zuerst und wer als nächstes auf die Teilhabe an einem stark schrumpfenden Wohlstand zu verzichten hat.

Die Auswirkungen der beschlossenen CO_2-Abgabe auf den Wärmesektor sind gravierend. Verbraucht ein Haushalt beispielsweise 3000 Liter Heizöl pro Jahr, dann entstanden bislang bei 56 ct/Liter (inkl. Umsatzsteuer) Kosten von rund 1.680 Euro im Jahr. Mit der CO_2-Abgabe von 25 €/t ab 2021 werden 237,75 Euro zusätzlich fällig. Ab 2025 wären es 523,05 Euro zusätzlich. Über 5 Jahre summieren sich die Mehrausgaben auf 1.806,90 Euro. Veränderungen beim Heizölpreis könnten noch deutlich verschärfend hinzukommen.[154]

Somit wurde vom Deutschen Bundestag eine CO_2-Bepreisung „mit starker Lenkungswirkung“ beschlossen, wovon arm und reich in sehr unterschiedlichem Maße betroffen sein werden. Wohlhabende Haushalte können versuchen, mit hohen Investitionssummen die eine oder andere neue – und möglicherweise nicht unbedingt ausgereifte – Heiztechnik zu erproben.

Der zum Teil abstürzenden Mittelschicht und vielen Mietern dürften diese Möglichkeiten großteils verwehrt bleiben. „Gelenkt“ wird in Haushalten, die sich keine neue teure Heizung leisten können oder wollen, im Zweifelsfall nur in einer

Richtung: Die Thermostate an den Heizkörpern werden dann im Winter möglicherweise vielfach in Richtung Null gedreht.

Umweltministerin Svenja Schulze kündigte im August 2020 an, man wolle den Heizkostenanstieg für Mietwohnungen abfedern. Gedacht ist daran, dass die Vermieter nur die Hälfte der künftigen Zusatzkosten für Öl oder Gas aufgrund der CO_2-Abgabe an die Mieter weitergeben dürfen.[155] Die Vermieter würden somit einen Teil der Heizkosten der Mieter bezahlen müssen.

Das zeigt exemplarisch nicht zuletzt auch, dass die Wirtschaftsordnung der Bundesrepublik Deutschland substanziell verändert wird. Das Eigentum der kleinen Leute, das vielfach aus Immobilien besteht und der Altersvorsorge dient, könnte durch staatliche Eingriffe zunehmend gefährdet sein.

Kalte Wohnungen im Winterhalbjahr könnten aber gerade auch dann das Ergebnis sein, wenn der staatlichen Vorgabe Folge geleistet und in neue Heizsysteme investiert wird. Denn wenn immer mehr Elektrowärmepumpen in Betrieb gehen würden, dann dürfte der verfügbare Strom recht schnell nicht mehr ausreichen, um diese zu betreiben.

Die CO_2-Abgabe könnte somit die Grundlage für eine schnell um sich greifende Energiearmut legen, die im Übrigen auch mit negativen Gesundheitsfolgen verbunden sein könnte. Im Vereinigten Königreich ist das schon lange ein Thema.[156]

Die Heizungsverbote und die CO_2-Abgabe greifen insofern weitreichend in die Befriedigung von Grundbedürfnissen ein. Mit einem „Verzicht auf Luxus“ oder einer Beendigung von „Konsumterror“ hat all das nichts zu tun. Es handelt sich vielmehr um substanzielle Angriffe auf den Wohlstand Europas.

Im Winter 2020/21 üben die Schüler schon einmal, in kalten Klassenzimmern zu sitzen, da auf Anordnung der Kultusminister alle 20 Minuten gelüftet werden soll. „Die Schüler sollen sich warm anziehen; mit Jacken, Pullovern, Schals, dicken Socken und dergleichen wappnen, damit sie nicht frieren."[157]

Dem Wuppertal Institut für Klima, Umwelt, Energie geht das alles noch nicht weit genug. In einem Papier für Fridays for Future fordert das Institut mehr staatlichen Zwang für energetische Gebäudesanierungen für jedes einzelne Gebäude der Republik: „Um die Sanierungs- und Wärmeversorgungsmaßnahmen anzustoßen und zu leiten, sollten gebäude-individuelle Sanierungsfahrpläne und Energieberatungen verpflichtend werden." Kommunale Energieagenturen sollen diese „individuellen Sanierungsfahrpläne" beschleunigen und Einstiegshürden „für eine ambitionierte energetische Sanierung senken".

Nach Auffassung des Wuppertal Instituts soll der Staat mit rigiden Instrumentarien zügig durchregieren:

„Mit Blick auf den kurzen Umsetzungszeitraum sollten auch weitergehende Maßnahmen und eine andere Rollenverteilung ergebnisoffen geprüft werden, wie beispielsweise die vollständige Übernahme der Verantwortung für die Durchführung von Sanierungsmaßnahmen durch den Staat (Koordinierung: Bund und Länder, Umsetzung: Kommunen) bzw. durch von diesem legitimierte Stellen. Auf Basis der gebäudeindividuellen Sanierungsfahrpläne würden diese Stellen mit dem entsprechenden Vorlauf und in Absprache mit dem Gebäudebesitzer bzw. der Gebäudebesitzerin Planung, Vorfinanzierung und Umsetzung der Sanierungsmaßnahmen übernehmen und so sicherstellen, dass eine vollständige Sanierung des Gebäudebestandes möglich ist."[158]

Vor dem Hintergrund, dass die 0,5 Billionen-Euro-schweren, „ambitionierten" energetischen Gebäudesanierungen von 2010 bis 2018 sich wie oben dargelegt selbst nach Begutachtung durch das Deutsche Institut für Wirtschaftsforschung (DIW) als weitgehend wirkungslos erwiesen haben, ist dies ein ebenso überraschender wie energietechnisch fragwürdiger Vorstoß. Mehr noch:

Dass nach Auffassung des Wuppertal Instituts der Staat eine „Vorfinanzierung" derart energietechnisch diskussionswürdiger Sanierungsmaßnahmen gegenüber „Gebäudebesitzern" (wie es das Institut formuliert) durchsetzen soll, wirft verfassungsrechtliche Fragen auf:

Das könnte darauf hinauslaufen, dass die Gebäudeeigentümer staatlich verordnete Gebäudesanierungen per Zwangshypothek abbezahlen müssen. Angesichts der zunehmend „prekären" wirtschaftlichen Verhältnisse (Weltwirtschaftskrise, abstürzende Mittelschicht, Altersarmut etc.) könnte das am Ende bedeuten, dass viele Menschen ihr Eigenheim und somit eine essentielle Grundlage ihres Lebens und ihrer Altersvorsorge verlieren, weil sie die zwangsweise erwirkten Kredite nicht zurückzahlen können.

Erinnert sei in diesem Zusammenhang daran, dass nach dem Zweiten Weltkrieg mit dem Lastenausgleichsgesetz alle im Privatvermögen befindlichen Immobilien mit einer Zwangshypothek zu Gunsten der Bundesrepublik Deutschland belastet wurden, welche in den folgenden 30 Jahren durch die Grundstückseigentümer abbezahlt werden musste.

Da eine Zwangshypothek einer Zwangsvollstreckung ähnelt, kann eine Immobilie ohne weiteres zwangsversteigert werden, wenn ein Eigentümer seine Kreditraten an den Staat nicht bezahlen kann.[159]

Was als Klimaschutz angepriesen wird, könnte unterm Strich als Enteignung der Vermögen kleiner Leute Wirklichkeit werden.

Anders als in den Aufbaujahren nach dem Zweiten Weltkrieg aber wird nun möglicherweise ein wirtschaftlicher Niedergang herbeigeführt.

Chronischer Strommangel in Privathaushalten

Fast 343.900 Haushalten in Deutschland ist im Jahr 2017 der Strom abgeschaltet worden, weil die Rechnungen nicht bezahlt worden waren. Die Zahl dieser „Stromsperren" liegt etwa vier Prozent über denen der beiden Vorjahre.[160] Betroffen sind demnach deutschlandweit fast eine Million Menschen.

Hinzu kamen zuletzt fast 5 Millionen Androhungen einer Stromsperre.[161] Das zeigt, dass sich heute schon größenordnungsmäßig vielleicht 10 Millionen Einwohner Elektrizität nur noch mit Schwierigkeiten leisten können.

Zu den wesentlichen Ursachen der Stromsperren zählen niedrige Haushaltseinkommen in Verbindung mit ständig steigenden Strompreisen für Haushaltskunden. Von 2006 bis 2018 ist die durchschnittliche monatliche Stromrechnung für einen Haushalt in Deutschland (3.500 kWh/Jahr) von 57 Euro auf 86 Euro angestiegen. Maßgeblich für den Anstieg waren die um 110 % gestiegenen "Steuern, Abgaben und Umlagen" von 22 Euro auf 47 Euro, die zuletzt 54 % der Strompreise ausmachten.[162]

2020 zahlte ein Haushalt mit einem Stromverbrauch von 3500 kWh/Jahr pro Jahr 236,46 Euro allein für die EEG-Umlage, mit Mehrwertsteuer 281,39 Euro.

Die jährliche Förderung der erneuerbaren Energien in Deutschland (EEG-Differenzkosten) erhöhte sich insgesamt von 0,7 Mrd. Euro im Jahr 2000 auf 23 Mrd. Euro 2018. Bis 2020 rechnet das Bundeswirtschaftsministerium mit einer Erhöhung auf 24,2 Mrd. Euro. Die Gesamtförderung summierte sich bis 2018 auf 194 Mrd. Euro. Bis 2020 sind insgesamt 243 Mrd. Euro zu erwarten.[163]

Bis zum Jahr 2022 sollen die Kosten für die Wind- und Solarenergie laut Prognosen weiter steil ansteigen, wobei ein Großteil der Zusatzkosten nicht mehr auf den Strompreis umgelegt wird, so dass die Kostensteigerungen auf der Stromrechnung weniger sichtbar werden.

Stattdessen werden sie in Form von staatlichen Zuschüssen und somit als zusätzliche Schuldenlast den (künftigen) Steuerzahlern aufgebürdet.[164]

Das Problem ist, dass bei immens steigenden Kosten die Versorgungssicherheit des Gesamtsystems wie dargelegt immer weiter abnimmt und der Nutzen der immens hohen Ausgaben somit in Frage steht.

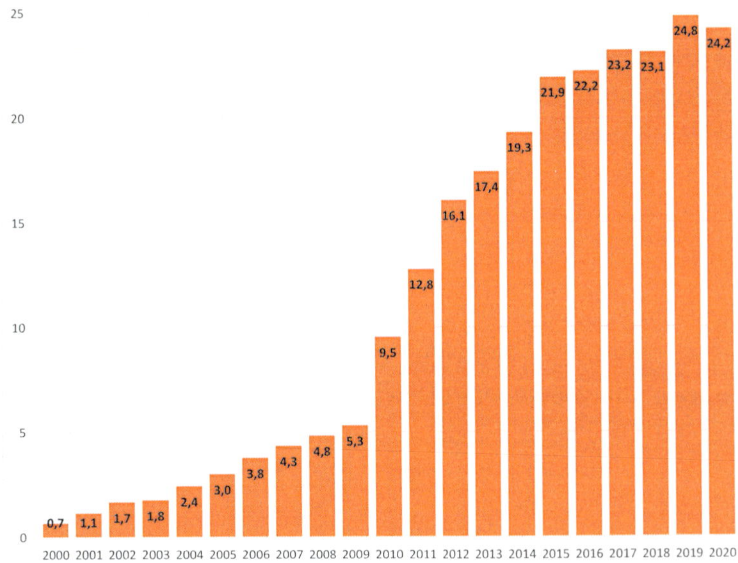

Entwicklung der EEG-Differenzkosten 2000 – 2020
Prognose für 2019 und 2020 (Mrd. Euro)
Quelle: Bundesministerium für Wirtschaft und Energie

Auf der Ebene der Privathaushalte steigen einerseits die Strompreise und auf der anderen Seite steigt nun auch noch (perspektivisch) die Steuer- bzw. Abgabenlast. Die von der Bundesregierung 2020 beschlossene „Entlastung der EEG-Umlage“, indem man den CO_2-Preis, also die CO_2-Abgabe erhöht,[165] ist eine Mogelpackung, da zwar der weitere Strompreisanstieg begrenzt wird, die Bevölkerung stattdessen an anderer Stelle höhere Abgaben bezahlen muss.

Die beiden Faktoren „steigende Strompreise“ und „sinkende Haushaltseinkommen durch steigende Steuern und Abgaben“ dürften kumuliert dafür sorgen, dass die so genannte Energiearmut weiter zunimmt.

Man versucht dem Problem der Stromsperren – wie auch dem von „Gassperren“ – durch Maßnahmen der Sozialpolitik zu begegnen (u.a. durch eine aus dem Regelsatz der Grundsicherung ausgelagerte Stromkostenpauschale). Auch Verbote von Stromsperren sind im Gespräch.[166] Im Ergebnis dämpfen solche Maßnahmen die Not für Menschen im Grundsicherungsbezug, sie lösen aber nicht die Ursache immer weiter steigender Kosten, für die auf die eine oder andere Weise die Steuerzahler aufkommen müssen.

Fragen der sozialen Gerechtigkeit, auch die der Generationengerechtigkeit aufgrund neuer Staatsschulden, stellen sich möglicherweise völlig neu, wenn eine schrumpfende Mittelschicht heute und in Zukunft immer höhere Lasten zu tragen hat, die den Absturz von immer weiteren Bevölkerungskreisen beschleunigt.

Die Rezession bzw. die Weltwirtschaftskrise könnten zur weiteren Verschärfung des Problems beitragen. Wenn bei wachsender Arbeitslosigkeit immer weniger Steuerzahler immer höhere Staatsausgaben stemmen müssen, nun auch für den Wind- und

Solarenergieausbau, dann gerät möglicherweise auch die Finanzierung des Sozialstaats zunehmend unter Druck.

Steigende Strompreise bei steigenden Steuerlasten für wachsende Staatsschulden (sowie bei sonstigen Preissteigerungen) stellen natürlich auch für Geringverdiener und für die untere Mittelschicht ein wachsendes Problem dar, wenn irgendwann selbst der Strombezug zur Befriedigung von Grundbedürfnissen in Frage steht.

Entsprechend heißt es in einer Arbeit von Sarah Epp an der Universität Heidelberg: „Folglich können gerade auch sogenannte ‚Grenzhaushalte', also Haushalte knapp oberhalb der offiziellen Einkommensarmutsgrenze, von Energiearmut betroffen sein."[167]

Ebenso verweist auch der Bundesverband Neue Energiewirtschaft auf „die Gruppe der Geringverdienenden, die knapp über der Grenze der Grundsicherung liegt und damit nicht abgesichert ist". Bei dieser Gruppe stellen insbesondere schwierige Lebensphasen wie beispielsweise Übergang in Rente oder Arbeitslosigkeit, Geburt eines Kindes, Trennungen, Erkrankungen, Pflege- oder Todesfall in der Familie „ein erhöhtes Risiko dar, um in Zahlungsrückstand zu geraten. In diesen Fällen existiert keine soziale Absicherung."[168]

Moderat steigende Energiepreise können volkswirtschaftlich grundsätzlich sinnvoll sein, wenn damit eine zuverlässige und „langlebige" Energieinfrastruktur aufgebaut wird und wenn das verausgabte Geld in engen Kreisläufen der eigenen Region bzw. der eigenen Volkswirtschaft weitgehend erhalten bleibt, dort dauerhafte Arbeitsplätze in Industrie, Gewerbe und Handwerk, somit Wohlstand schafft bzw. erhält.

Der weitgehende Verlust der mit sehr viel Geld in Deutschland aufgebauten Solarindustrie nach Asien verdeutlicht aber exemplarisch, wie schwer es unter den aktuellen Verhältnissen in diesem Bereich ist, Wohlstand nicht nur zu generieren, sondern auch zu halten. Permanent steigende Strompreise wie auch energiebedingte Steuererhöhungen führen unter diesen Bedingungen dazu, dass die Bezahlbarkeit von Strom für immer breitere Bevölkerungsschichten schwierig wird.

Exkurs: Aufruf zum Stromsparen im Januar 2017

Im Januar 2017 waren in Frankreich fünf Atomkraftwerke (neben weiteren Nichtverfügbarkeiten) mit einer Leistung von 5,5 GW wegen Wartungs- und Prüfarbeiten nicht im Leistungsbetrieb.

Aufgrund der Kälte rechnete der französische Übertragungsnetzbetreiber Rte für den 18. Januar mit einem Strombedarf (Spitzenlast) von bis zu 95 GW. Vorherige Prognosen hatten sogar eine Spitzenlast von bis zu 102,4 GW vorausgesehen.

In diesen Januar-Tagen wurde auch in Süddeutschland der Strom knapp: Eine relativ niedrige Stromerzeugung aus Windenergie Mitte Januar, die Nichtverfügbarkeit einiger großer Kraftwerksblöcke (darunter das Atomkraftwerk Philippsburg-2) und die begrenzte Einsatzfähigkeit der Steinkohlekraftwerke im Süden aufgrund niedriger Kohlelagerbestände führte zu einer Mangelsituation. Es musste auf Kraftwerke in Nordrhein-Westfalen zurückgegriffen werden, wobei der Stromtransport nach Baden-Württemberg „die Lastflusssituation weiter zuspitzte".

Dies führte am 18. Januar 2017 in Deutschland zum stundenlangen „Verlust der (n-1)-Netzsicherheit".

„Zur Beherrschung der Situation" musste mehrere Stunden lang auf die Reservekraftwerke („Netzreservekapazitäten") zurückgegriffen werden. Von der gesamten für den Winter 2016/2017 vorgehaltenen Notfall-Reserve in Höhe von 5,4 GW

Kraftwerksleistung wurden am 18. Januar 2017 in der Spitze 3,3 GW beansprucht.

Vom potenziellen Zusammenbruch des Stromnetzes trennten an diesem Tag demnach offenbar nur noch 2,1 GW Reserve-Kraftwerksleistung.

In einer Studie im Auftrag der Landesregierung von Baden-Württemberg heißt es, dass trotz der Anpassungen der Engpassprognose durch die Übertragungsnetzbetreiber „ein Auftreten ähnlicher Situationen für den realen Betrieb in der Zukunft nicht ausgeschlossen werden [kann]."

Wegen der Kraftwerks-Engpässe und der Netzüberlastung in Deutschland standen deutsche Kraftwerkskapazitäten nicht für Stromlieferungen nach Frankreich zur Verfügung. Beide Länder hatten also zeitgleich mit Strommangel zu kämpfen.

Der französische Übertragungsnetzbetreiber reagierte schließlich mit „Sondermaßnahmen". Zum einen sollten Abschaltungen vertraglich gebundener abschaltbarer Lasten erfolgen[169] und zum anderen die Netzspannung um 5% abgesenkt werden.

Um die Nachfrage nach elektrischer Energie zu reduzieren, rief der französische Übertragungsnetzbetreiber zudem die Bevölkerung zum Stromsparen auf.

So sollte zum Beispiel der Gebrauch elektrischer Haushaltsgeräte in lastschwache Stunden verschoben, die Raumtemperatur beim Verlassen des Hauses abgesenkt, Geräte aus dem Stand-by-Modus abgeschaltet und die Beleuchtung reduziert werden. Ähnliche Maßnahmen sollten auch im Arbeitsalltag umgesetzt werden.[170]

Das Beispiel demonstriert, was auf Deutschland in Zukunft regelmäßig zukommen könnte, sofern es nicht gelingt, die gesicherte Kraftwerksleistung über dem Niveau des maximalen Strombedarfs zu halten.

Zeitliche Anpassung der Strom-Nachfrage als Lösung?

Zusätzlich zur Frage der Bezahlbarkeit von Strom stellt sich also die weitere Frage, ob der Strom künftig noch immer aus der Steckdose kommt, wenn er benötigt wird.

Längst ist geplant, die Stromnachfrage der volatilen Stromerzeugung zeitlich anzupassen, Stromanwendungen also beispielsweise in Zeiten stärkerer Sonneneinstrahlung bzw. besserer Windverhältnisse zu verschieben. Die Rede ist von „Flexibilitäten" auf der Nachfrageseite, von „Lastmanagement" oder auch von „Demand-Side-Management (DSM)". Solche „Flexibilitätsoptionen" werden propagiert, weil sie natürlich deutlich kostengünstiger sind als Speicher.[171]

Mit anderen Worten: Wenn man in Zukunft den Strom nicht mehr zuverlässig in der gerade nachgefragten Menge liefern kann, dann muss sich die Nachfrage („Demand") eben zeitlich flexibel dem Angebot von Wind- bzw. Solarstrom anpassen. Das elektrizitätswirtschaftliche Paradigma, dass sich das Elektrizitätsangebot nach der Nachfrage richtet, wird damit aufgeweicht.

Das klassische Beispiel für Demand-Side-Management in Privathaushalten ist die Waschmaschine, die man natürlich nicht unbedingt abends anschalten muss, wenn die Sonne untergangen ist und daher kein Solarstrom mehr zur Verfügung steht. Die Waschmaschine kann genauso gut erst am nächsten Tag mittags laufen, wenn die Photovoltaikanlagen wieder eine hohe Stromproduktion aufweisen. „Intelligente Steuerungen" können dafür sorgen, dass man dennoch die Waschmaschine am Abend oder früh morgens vor der Arbeit belädt und den Waschvorgang vorbereitet, die Steuerung sorgt dann für das Einschalten der Maschine, sobald viel Solar- bzw. Windstrom zur Verfügung steht.

Ebenso kann beispielsweise auch die Inbetriebnahme von Spülmaschinen und Wäschetrocknern zeitlich etwas geschoben werden. Kühl- und Gefriergeräte können ebenfalls gewisse Phasen stromlos überbrücken. Bei Sonnenschein und guten Windverhältnissen sollen ferner die Batterien von Elektroautos aufgeladen und die elektrischen Wärmepumpen in Betrieb genommen werden. Dies alles ist grundsätzlich automatisiert steuerbar, so dass kaum Handeingriffe notwendig sind.

Das bedeutet, dass der Strombezug eines Haushalts zu einem definierten Zeitpunkt verringert und dafür zu einem späteren oder früheren Zeitpunkt entsprechend erhöht wird.

Der Stromverbrauch in den Privathaushalten könnte in Zukunft sogar recht weitgehend „von außen fremdgesteuert" werden („Smart Home"). Nicht die Verbraucher selbst würden dann noch in allen Fällen entscheiden, ob sie strombetriebene Geräte ein- oder ausschalten, sondern im Extremfall Algorithmen.

In dem Entwurf von Bündnis 90/Die Grünen für ein Grundsatzprogramm „für die Vorstellung am 26.06.2020" heißt es dazu: „Die Digitalisierung leistet einen großen Beitrag für den Klimaschutz. Big-Data-Technologien ermöglichen es, eine schwankende erneuerbare Produktion mit dem Verbrauch eng zu verzahnen und so den Energiebedarf zu senken."

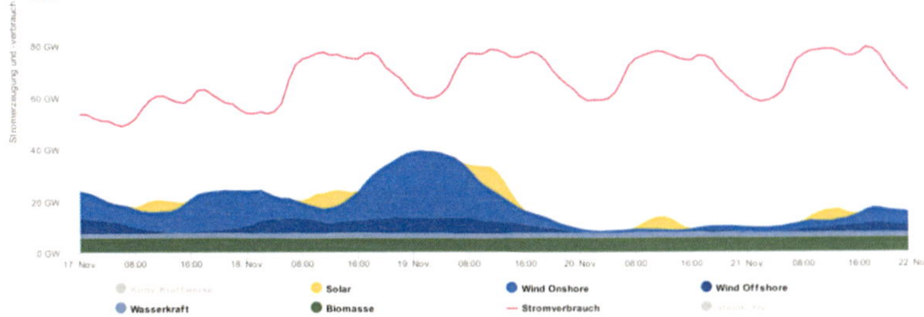

Stromerzeugung und Stromverbrauch 17. - 21.11.2019
Agora Energiewende (2020): Agorameter

Im Antrag für ein Grundsatzprogramm für den Parteitag im November 2020 in Karlsruhe wurde das Reizwort „Big-Data“ aus dem Text eliminiert, ohne aber inhaltlich an der Stoßrichtung etwas zu ändern: „Die Digitalisierung kann einen großen Beitrag für den Klimaschutz leisten. Sie ermöglicht es, eine schwankende erneuerbare Produktion mit dem Verbrauch eng zu verzahnen und so den Energiebedarf zu senken. Das Potential der Digitalisierung für Ressourceneffizienz, sparsamen Energieverbrauch, Dematerialisierung und Suffizienz soll bestmöglich gefördert werden.“[172]

„Big-Data-Technologien“ und „Smart-Grid-Technologien“ erlauben die Messung und Steuerung des privaten Stromverbrauchs von außen:

„Eine Möglichkeit, solche Steuerungsprobleme zu lösen, wird in der Verbindung von Stromversorgungsanlagen und Informations- und Kommunikationstechnologie gesehen, die unter dem Stichwort Smart Grid diskutiert wird. Gegenwärtig ist die Stromabnahme durch die Verbraucher nicht regelbar – die Kunden beziehen den Strom zum Zeitpunkt ihres Bedarfs zu immer gleichen Preisen. Ihr Verbrauch wird nur in großen Intervallen (z. B. einmal im Jahr) erfasst. Die Smart-Grid-Technologie würde regelmäßige Messungen und ggf. auch Steuerung erlauben und somit Marktmodelle ermöglichen, in denen ein angebotsabhängiger Verbrauch möglich wird.“

An dieser Stelle kommt das Thema Strompreise ins Spiel: „Damit könnte auch die Nachfrageseite aktiv in den Ausgleich von Erzeugung und Verbrauch einbezogen werden, da ein großes Stromangebot günstigere Preise mit sich bringen würde.“[173]

Umgekehrt bedeutet das: Ein geringes Stromangebot bringt sehr hohe Strompreise mit sich. Mit Big-Data- und Smart-Grid-Technologien können sich dann Besserverdienende weiterhin den Strom leisten, um den Akku ihres Dritt- oder Viertautos aufzuladen, während alle anderen Stromverbraucher sich sehr genau überlegen müssen, ob sie sich die nächste Kilowattstunde noch leisten können. Der Herd bleibt dann möglicherweise kalt und es gibt dann eben keine warme Mahlzeit, wenn die Sonne gerade nicht scheint und der Wind nicht weht. Ist das erstrebenswert?

In der Realität sind der zeitlichen Verschiebung des Betriebs von Haushaltsgeräten natürlich enge Grenzen gesetzt. Es kommen nur Gerätetypen in Frage, bei denen die Akzeptanz zum flexiblen Betrieb vorhanden ist. Dieses Kriterium schließt u.a. Beleuchtung, jegliche Unterhaltungselektronik wie beispielsweise Fernsehgeräte sowie Küchengeräte wie beispielsweise Herde und Backöfen und vieles andere von vornherein aus – zumindest in der Theorie.

Unterm Strich stellt sich die Frage, welche Bedeutung Demand-Side-Management im Bereich der Privathaushalte tatsächlich haben könnte. Lässt sich das Problem unsteter Einspeisung von Wind- und Solarstrom durch eine Flexibilisierung der Nachfrageseite lösen?

„Bezüglich der Höhe des sinnvoll erschließbaren Potentials liegen derzeit indes noch keine verfestigten Erkenntnisse vor", heißt es in einer vergleichenden Untersuchung der TU Berlin, in der mehrere Studien ausgewertet wurden. Lässt man den Wärmebereich außen vor, für den eine Elektrifizierung wie dargelegt generell sehr fragwürdig ist, da die Spitzenlast in die Höhe treiben würde, so liegt das „Potential für temporäre Lastreduzierung durch Verschiebung der Last auf einen späteren Zeitpunkt" im Bereich von wenigen Gigawatt.[174]

Doch selbst, wenn man das Potenzial erhöhen könnte, bleibt das grundlegende Problem, dass der Strombedarf nur für sehr kurze Zeit verschoben werden kann.

Die Nationale Akademie der Wissenschaften Leopoldina macht vor diesem Hintergrund deutlich, dass sich mit Demand-Side-Management die grundlegenden Probleme der Energiewende nicht lösen lassen: „Dies bedeutet eine hohe Flexibilität (…) auf der Verbrauchsseite, die kurzfristig durch Lastverschiebung (Demand-Side-Management) erreicht werden könnte. Da es jedoch mehrtägige Zeiten ohne Wind und mit wenig Sonne gibt (sogenannte ‚Dunkelflauten'), müssen Ersatzkraftwerke und/oder Energiespeicher vorgehalten werden, um die Versorgungssicherheit zu gewährleisten."[175]

Ebenso stellte auch Energy Brainpool in der Studie im Auftrag von Greenpeace Energy fest, dass aufgrund von Schwachwind/Flauten und wetter- oder jahreszeitbedingter Dunkelheit die „kurz- und mittelfristigen Flexibilitätsoptionen" „an die Grenze ihrer Leistungsfähigkeit gelangen" können, wenn dieser Zustand über mehrere Tage andauert.[176]

Mit anderen Worten: Stehen Backup-Kraftwerke und Langzeitspeicher nicht in ausreichendem Maß zur Verfügung, dann führen Sonne und Wind in Verbindung mit Demand-Side-Management-Maßnahmen unweigerlich in eine StromMangelWirtschaft.

Praxis-Erfahrungen mit Demand-Side-Management zeigten, dass die Beeinflussung des Stromverbrauchs aufgrund eines Preissignals sogar dazu führen kann, dass „neue Lastspitzen auftreten".[177] Statt die Lastspitzen zu reduzieren, kann es demnach zu einer deutlichen Verschärfung des Problems kommen.

Zu hohen Lastspitzen und extremer Stromknappheit würde es erwartungsgemäß natürlich insbesondere auch dadurch kommen, wenn Elektroautos und Elektrowärmepumpen verbreitet werden würden: Detlef Fischer, Geschäftsführer des Verbands der bayerischen Energie- und Wasserwirtschaft (VBEW), sagte 2017, möglicherweise werde man dann „an manchen Tagen

‚anordnen‘ müssen, ihr müsst jetzt weniger Strom verbrauchen. Man darf gespannt sein, ob das unspektakulär über Marktmechanismen oder öffentlichkeitswirksam über Radiodurchsagen funktionieren wird.“[178]

Von einem „periodischen Strommangel“ könnte gesprochen werden, falls es dann regelmäßige Versorgungsunterbrechungen geben sollte.

Technologisch gibt es mehrere Möglichkeiten, periodischen Strommangel zu herbeizufühen. Es könnten bestimmte Versorgungsgebiete zeitweise abgeschaltet werden, um den Stromverbrauch regional zu drosseln. Mit digitalen Stromzählern könnte dies in Zukunft auch individuell auf Gebäudeebene geschehen. „Smart Home“ würde es über den Strompreis automatisiert oder teilautomatisiert regeln, dass Vermögende sich den Strom zu bestimmten Zeiten noch leisten können, während anderen das Licht ausgeht.

Apps, die das eigene Bewegungsprofil und die sozialen Kontakte aufzeichnen, könnten in modifizierter Form künftig dazu benutzt werden, das Mobilitätsverhalten jedes Einzelnen zentral aufzuzeichnen und zu bewerten. Eine „Ampel“ steht dann auf dem Smartphone möglicherweise auf rot, wenn die geplante Fahrt ins Grüne mit dem Elektroauto gerade unerwünscht ist, weil der Strom in der Autobatterie anderweitig gebraucht wird. „Sozialkredit-Systeme“ könnten stromsparendes Verhalten belohnen und „unnötigen Stromverbrauch“ bestrafen.

Solche technischen Möglichkeiten widersprechen den Grundprinzipien einer freiheitlichen Gesellschaft. Doch selbst wenn man sie in Erwägung ziehen wollte, würden sie wie dargelegt die Versorgungsprobleme, zumal in den Dunkelflauten, quantitativ nicht lösen können.

Stromabschaltungen in der Industrie

Es ist nur wenig bekannt, dass Deutschland als eine der führenden Industrienationen heute schon Teilen der Industrie gelegentlich den Strom abschaltet, wenn nicht genügend Strom erzeugt werden kann.

Geregelt werden die kurzfristigen Stromunterbrechungen bei Industriebetrieben durch die „Verordnung zu abschaltbaren Lasten (AbLaV)". Die Bereitschaft, Anlagen abzuschalten, bekommen solche Unternehmen bezahlt. Die Kosten werden auf den Strompreis umgelegt, den die Verbraucher zahlen.

Am 14. Dezember 2018 beispielsweise zeichnete sich vormittags ab, dass die Wind- und Solaranlagen nur wenig einspeisen würden. Am Vortag waren die Prognosen noch optimistischer gewesen. Es zeichnete sich ab, dass der Strom knapp werden würde. Daher kündigten die Netzbetreiber einer Handvoll großer Industriebetriebe kurzfristig an, den Strom abzuschalten. Der Stresspegel sei in diesen Betrieben daraufhin „beachtlich gestiegen", heißt es in einem Bericht der Frankfurter Allgemeinen.

Kurz nach 12 Uhr war dem Bericht zufolge die „Minutenreserve" der Pumpspeicherkraftwerke verbraucht, aus dem Ausland ließ sich auch nicht mehr Strom ziehen. Daher wurden deutschlandweit alle verfügbaren Großverbraucher wie Aluminiumhütten, Walzwerke und Gießereien abgeschaltet.

„In der Summe haben Aluminium und andere Industrieunternehmen 1025 Megawatt Leistung auf Anforderung der Netzbetreiber aus der Produktion genommen", hieß es später bei Hydro Aluminium in Neuss. Durch diese Stromabschaltungen im großen Stil bleib das Netz doch noch stabil, in den Haushalten und Büros merkte niemand etwas. Gegen 15 Uhr sei dann wieder Ruhe eingekehrt. Die inländische Erzeugung überstieg wieder die Nachfrage.[179]

Bei allen Kontroversen um dieses Ereignis zeigen die Daten dieses 14. Dezember 2018 folgendes Bild: Die deutschen Solaranlagen speisten ab 8 Uhr kaum Strom ins Netz ein und erreichten um die Mittagszeit rund 2,4 GW, alle erneuerbaren Energien zusammen etwa 15,7 GW. Der Stromverbrauch lag gegen 9 Uhr bei gut 80 GW.

Schon ab dem frühen Vormittag mussten die Pumpspeicherkraftwerke bis zu 7 GW Strom einspeisen. Der Stromverbrauch ging im Lauf mehrerer Stunden auf 73 bis 74 GW zurück, wozu zum Teil die Stromabschaltungen in den Industriebetrieben beitrugen. Die Solarstromproduktion lag um 14 Uhr bereits wieder unter 1 GW und gegen 16 Uhr praktisch bei Null. Die Leistung der Windenergieanlagen schwankte in den Abendstunden zwischen 5 und 6 GW. Der Stromverbrauch fiel von 75 GW (18 Uhr) auf 64 GW (23 Uhr).[180]

Aluminiumwerk in Essen
Heute schon regelmäßige Stromabschaltungen bei Strommangel
Foto: Tuxyso / Wikimedia Commons

Das Ereignis vom 14. Dezember 2018 ist kein Einzelfall. „Bisher sind dieses Jahr 78 Abschaltungen alleine der Aluminiumhütten erfolgt", heißt es in einem Brandbrief, den der Neusser Hersteller Hydro Aluminium kurz vor Weihnachten 2018 an den Präsidenten der Bundesnetzagentur, Jochen Homann, schickte. Das sei ein neuer Rekord.

Auch am 18. Dezember 2018 kam es zu einem Blackout in der Hamburger Aluminiumhütte von Trimet samt dem benachbarten Walzwerk. „Die Produktion fiel schlagartig und ungeplant vollständig aus", heißt es in dem Brief an Homann. „Dies verursachte beträchtlichen Produktionsausfall und Sachschaden."

In einer Umfrage der stromintensiven Glasindustrie berichteten 4 von 15 Unternehmen von mehr als zehn Produktionsbeeinträchtigungen in 2018 nach Unterbrechungen der Stromversorgung oder Frequenzschwankungen im Netz. Die wirtschaftlichen Schäden gingen in die Hunderttausende.

Auch die Wieland-Werke in Ulm, ein weltweit führender Spezialist für Kupfer und Kupferlegierungen, stellten „zuletzt häufiger als früher Störungen im Stromnetz fest". Zuweilen seien „ganze Werksteile bis zu einem halben Tag lahmgelegt".

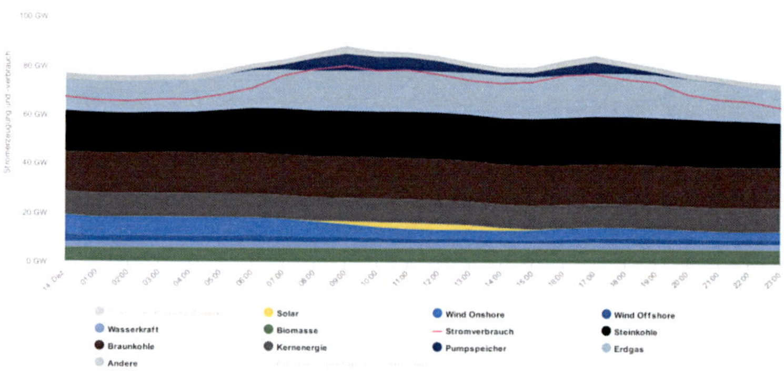

Stromerzeugung und Stromverbrauch 14.12. 2018
Agora Energiewende (2020): Agorameter

Oliver Hommel, Leiter des weltweit größten Aluminiumwalzwerks Alunorf bei Neuss, warnt, schon Schwankungen der Netzfrequenz im Millisekundenbereich führten zu Schäden an den hochempfindlichen Geräten. Bei Stromausfällen von mehr als 2 Stunden könnten Anlagen „unwiederbringlich" verloren gehen.[181]

Auch andere Industriebranchen sind betroffen: In den Betrieben des Autozulieferers Kirchhoff in Iserlohn seien Hunderte Maschinen vernetzt. Schon leichte Stromschwankungen, erst recht Lieferausfälle, führten zu Systemabschaltungen. Bis alles wieder funktioniere, könne man eine komplette Schicht nach Hause schicken.[182]

Die Abschaltung von Industriebetrieben seitens der Netzbetreiber hat inzwischen ein kaum noch erträgliches Ausmaß erreicht.

Die Trimet Aluminium SE weist darauf hin, dass Aluminiumhütten für ihre Elektrolyseöfen 24 Stunden am Tag und 365 Tage im Jahr eine konstante Energiezufuhr benötigen. Schon kleine Schwankungen der Stromstärke und der Energiezufuhr könnten die Produktionsanlagen zerstören und die Energieeffizienz massiv verringern.

Aufgrund der Energiewende und ökonomischer Anreize hat das Unternehmen in seinem Essener Werk die Aluhütten so ausgerichtet, dass sie bei Stromknappheit bis zu einer Stunde lang abgeschaltet werden können, „ohne Schaden zu nehmen". Im ersten Halbjahr 2015 haben die Netzbetreiber bei dem Aluminiumhersteller 45-mal den Strom abgestellt, allein im Juni 2019 war es 31-mal der Fall.

Aufgrund der mehrjährigen Erfahrungen mit den Stromabschaltungen durch die Netzbetreiber stellte der Aluminiumproduzent 2019 ernüchtert fest: „Die Häufigkeit der Inanspruchnahme dieser Leistungen im vergangenen Geschäftsjahr (…)

macht zugleich sehr deutlich, wie stark schon die bereits realisierten Schritte hin zur Energiewende ohne weitergehende flankierende Maßnahmen die Netzstabilität beeinträchtigen.“[183]

Die Stromabschaltungen und Netzinstabilitäten sind eine zunehmende Gefahr für den Industriestandort Deutschland:

"Die Versorgungssicherheit ist vermutlich der letzte große Vorteil des europäischen und deutschen Wirtschaftsstandortes gegenüber den globalen Wettbewerbern. Leider gerät auch dieses Pfund immer stärker in Gefahr", so der Verband der Familienunternehmer in einem Positionspapier vom Mai 2020 zum European Green Deal. Kein Land dieser Welt werde dem deutschen Weg folgen, "wenn mit der Energiewende deutscher Prägung die Gefahr einer Deindustrialisierung sehenden Auges in Kauf genommen wird".

Der Verband spricht von einer "schleichenden Deindustrialisierung". Es seien zwar "eher wenige Betriebe, die vor Ort schließen und abwandern. Doch könnten Investitionen nicht mehr in Deutschland getätigt werden, ohne die Wettbewerbsfähigkeit zu gefährden. Um Unternehmen "überhaupt zu erhalten, müssen immer mehr Teile ins Ausland verlegt werden".[184]

Deindustrialisierung infolge steigender Energiepreise

Moderat steigende Energiepreise haben in der Vergangenheit diverse Maßnahmen der rationellen Energienutzung angereizt. In dieser Hinsicht ist sehr viel geschehen.

Bei im internationalen Wettbewerb stehenden, stromintensiven Industriebetrieben können steigende Strompreise aber sehr schnell das Aus bedeuten, weshalb es für diese bislang vergünstigte Konditionen gibt.

Im Abschlussbericht der Kohlekommission wird exemplarisch auf die Gebr. Grünewald GmbH & Co. KG, ein mittelständisches stromintensives Unternehmen der Papierindustrie, hingewiesen. Das Unternehmen stellt Spezialpapiere für den europäischen Markt her. Die direkten Wettbewerber produzieren in Tschechien, Österreich und Schweden. Die Kohlekommission zeigt auf, welche Bedeutung „international konkurrenzfähigen Strompreisen" ganz praktisch zukommt: „10 Euro/MWh Mehrkosten bedeuteten für die Gebr. Grünewald GmbH & Co. KG Mehrkosten von 275.000 Euro pro Jahr und damit die Größenordnung des Jahresüberschusses des Familienunternehmens."[185] Das Unternehmen wäre somit nicht mehr überlebensfähig.

Höhere Ökosteuern, verschärfte Bedingungen für den Kauf von CO_2-Zertifikaten und der steigende Anteil an erneuerbaren Stromquellen haben die Energiekosten inzwischen so in die Höhe getrieben, dass sich viele Unternehmen aus Deutschland verabschieden. „Sie tun es ohne großes Getöse", schreibt das Handelsblatt.

So etwa Europas größter Kupferproduzent Aurubis. Wegen hoher Energiekosten sei er nicht daran interessiert, in Europa zu investieren, sagte Bernd Drouven, Chef des Hamburger Konzerns, dem Handelsblatt. Sein Problem: Die Kupferherstellung verschlingt große Mengen an Strom. Und der kostet in Europa doppelt so viel wie außerhalb des Kontinents. Binnen fünf Jahren hat sich der Strompreis für die Industrie verdoppelt. Das Land laufe Gefahr, sich mit seiner Energiepolitik schleichend zu deindustrialisieren, warnt Drouven.

Auch der Wiesbadener Grafitspezialist SGL Carbon baut seine neue Karbonfaserfabrik in den USA. „Gern hätten wir diese in Deutschland angesiedelt", sagt SGL-Carbon-Chef Robert Koehler. Aber die Energie sei hier zu teuer. Ausländische Konzerne sind ebenso betroffen. Das norwegische Unternehmen Norsk

Hydro etwa hat die Kapazität im Rheinwerk bei Neuss, der größten Alu-Hütte des Landes, bereits auf ein Drittel reduziert – und erwägt nun, die Produktion komplett einzustellen. Stattdessen investiert Norsk Hydro in neue Produktionsanlagen in Katar und Brasilien. Auch hier der Grund: die hohen Energiekosten.[186]

Schon 2009 hatte die Münchener Wacker Chemie AG mitgeteilt, einen neuen Standort für die Herstellung von polykristallinem Reinstsilicium zur Produktion von Solarzellen nicht in Deutschland, sondern im U.S.-Bundesstaat Tennessee zu errichten. Als Gründe für die Standortentscheidung wurde u.a. „die gesicherte Versorgung mit Wasser und Elektrizität“ angegeben. Beides seien wesentliche Voraussetzungen für die Produktion von hochreinem Polysilicium. „Darüber hinaus sind in Tennessee die Strompreise besonders günstig. Sie sind nur etwa halb so hoch wie an vergleichbaren Standorten in Deutschland“, so Wacker Chemie.[187]

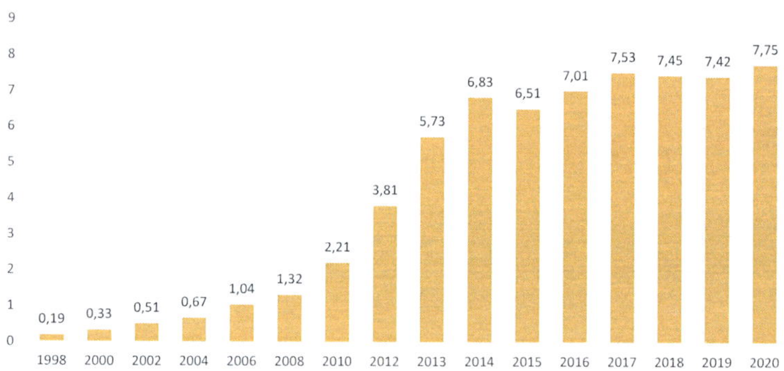

EEG-Umlage sowie sonstige Steuern und Abgaben für die Industrie
(Mittelspannungsseitige Versorgung) in ct/kWh (ohne Stromsteuer)
Quelle: BDEW 2020[188]

Es handelt sich nicht um Einzelentscheidungen, sondern um einen Trend. Einer Studie des Zentrums für Europäische Wirtschaftsforschung aus dem Jahr 2012 zufolge halten 61 % der Unternehmen in Deutschland die Energiekosten für besonders wichtig bei der Standortentscheidung über Neuinvestitionen.[189]

Über 80 % aller Industrieunternehmen in Deutschland gaben bereits 2012 an, „merkliche Energiekostensteigerungen" schultern zu müssen. Mittelfristig wurde mit einer Verschärfung des Problems gerechnet.[190]

Sehr deutlich zeichnet sich das Problem bei den energieintensiven Industrien ab. Bei den Branchen mit den höchsten Stromverbräuchen handelt es sich in erster Linie um die Chemische Industrie und die Metallerzeugung und -bearbeitung. Es folgen Kraftwagenherstellung, Papierindustrie, Nahrungs- und Futtermittelherstellung, Gummi- und Kunststoffindustrie, Herstellung von Metallerzeugnissen, Glas- und Keramikindustrie sowie der Maschinenbau.

Die – derzeit noch bestehende – Privilegierung dieser Branchen durch diverse Ausnahmeregelungen reicht ganz offenkundig nicht aus, um das Vertrauen der energieintensiven Industrien in den Standort Deutschland zu festigen: Sie investieren trotz aller Privilegien kaum noch in Deutschland und verabschieden sich faktisch aus Westeuropa.

Denn laut McKinsey könnte schon eine moderate Erhöhung der Strompreise von wenigen Euro pro MWh die Wettbewerbsfähigkeit der energieintensiven Industrien in Deutschland gefährden."[191]

Das Institut der deutschen Wirtschaft spricht von einer „schwierigen Situation" und einem „fehlenden Vertrauen in die Qualität des Standorts Deutschland hinsichtlich seiner Kostensituation". Klar erkennbar sei das an „den schwachen Nettoinvestitionen der energieintensiven Unternehmen seit dem Jahr 2000.

Während bei der sonstigen Industrie die Nettoinvestitionen grob gerechnet zwischen +10 und -15 % der Bruttoinvestitionen ausmachten, „war dieser Anteil in den energieintensiven Branchen in den Jahren seit 2000 fast durchgängig stark negativ. Über die Jahre ist es kaum zu einem Ersatz der Abschreibungen durch neue Investitionen gekommen. Ein schleichender Desinvestitionsprozess findet statt, der bei verstärkten Energiekostenbelastungen noch kritischer zu werden droht."

Nun könnte man mutmaßen, der Verlust der energieintensiven Industrie hätte keine erheblichen Auswirkungen auf die übrige Wirtschaft. Mit der Studie „Folgen der Energiewende für die Industrie" belegt das Institut der deutschen Wirtschaft jedoch, auf welche Weise und wie massiv der schleichende Verlust energieintensiver Betriebe die Industrie insgesamt in erheblichem Maß gefährdet.

Der eine wesentliche Aspekt sind die Lieferketten, mit denen die energieintensive und die sonstige gewerbliche Wirtschaft eng miteinander verbunden ist. Mehr als 80 % aller (im Jahr 2012 befragten) Unternehmen geben an, energieintensive Lieferanten zu haben. Mehr als ein Drittel der Industrieunternehmen geht davon aus, dass ein Abwandern energieintensiver Unternehmen aufgrund der Energiewende negative Auswirkungen auf ihren Geschäftserfolg hätte. Der andere Aspekt ist die intensive Kooperation zwischen den energieintensiven und den sonstigen Unternehmen. Vor allem die Innovationskraft ersterer wird als sehr bedeutsam von der übrigen Industrie angesehen, wobei u.a. um die Zusammenarbeit in Form von heimischen Forschungs- und Entwicklungsnetzen bzw. -kooperationen geht.

Überraschend ist vielleicht, dass viele Industrieunternehmen vor diesem Hintergrund erhebliche Probleme sehen, „wenn energieintensive Unternehmen aus Deutschland wegziehen sollten und damit die Wertschöpfungsketten nicht mehr in ihrer bisherigen Struktur bestehen bleiben könnten". Viele Industrieunternehmen sehen es skeptisch, wenn es beispielsweise „um gemeinsame Entwicklungstätigkeiten mit ausländischen energieintensiven Unternehmen geht": Die Vertragsregelungen sind komplexer, die räumlichen Distanzen zu groß und der finanzielle Aufwand ist höher. Bemerkenswert ist, dass es gerade auch Großunternehmen mit reichhaltiger internationaler Erfahrung sind, die „kulturelle Hürden", „geringes Vertrauen" und „sprachliche Hürden" als Hemmnisse sehen, beispielsweise bei der Zusammenarbeit mit asiatischen Unternehmen.

Kritisch für den Standort Deutschland sei vor allem, dass gerade die innovativen und international ausgerichteten Unternehmen, „die sehr wichtig für den Wohlstand im Land sind", negative Auswirkungen einer möglichen energiekostenbedingten Abwanderung energieintensiver Zulieferer zu befürchten haben. Das Fazit der Autoren der Studie: Eine Gefährdung der energieintensiven Branchen ist generell "ein Risiko für das Wohlstandsmodell Deutschlands."[192]

Im Jahr 2020 konstatierte das Institut der deutschen Wirtschaft, basierend auf einer aktuellen Analyse: Schon jetzt sei der Substanzverzehr in den energieintensiven Branchen dramatisch. Das Bruttoanlagevermögen der Branchen Chemie, Metallerzeugung und Metallverarbeitung, Glas, Keramik und Papier sei seit 2010 um 8,7 % gefallen. Verglichen mit 2000 seien sogar 18 % verloren gegangen.

Für die weitere Entwicklung lasse diese Zwischenbilanz nicht viel Gutes erwarten, so der Geschäftsführer des Instituts, Hubertus Bardt. Der von der EU-Kommissionspräsidentin Ursula von der Leyen angekündigte „Green Deal", konkret ein erhöhtes CO_2-Reduktionsziel auf 50 bis 55 %, würde zwangsläufig das europäische Emissionshandelssystems, an dem auch die energieintensive Industrie teilnimmt, noch weiter verschärfen.

„Die schon länger anhaltende Industrierezession, die schwere Coronakrise und die drohenden strengeren Vorgaben im europäischen Klimaschutz nehmen viele Unternehmen in die Zange. Das Resultat könnte eine Beschleunigung der ohnehin seit Jahren zu beobachtenden Deindustrialisierung sein“, sagte Bardt dem Handelsblatt. Die energieintensiven Branchen seien „akut gefährdet“. Die Bundesregierung sei gefordert, „verlässliche Rahmenbedingungen für die betroffenen Unternehmen zu schaffen“, so Bardt.[193]

Schon 2013 hielt das Institut als Fazit einer Untersuchung fest: „Weltweit ist eine Deindustrialisierung bei einer gleichzeitigen Verlagerung der industriellen Kraftzentren von den klassischen Industrieländern Europas und Nordamerikas hin zu den Schwellenländern Asiens sowie Mittel- und Osteuropas zu beobachten.“ Der Anteil der klassischen Industrieländer an der insgesamt rückläufigen Industrieproduktion weltweit sei von über 80 % (1995) auf unter 60 % (2011) gefallen.[194]

Die Analysen des Instituts der deutschen Wirtschaft wurden hier deswegen relativ ausführlich dargestellt, weil es für Nicht-Insider einen ganz erheblichen Unterschied macht, ob man nur sehr abstrakt von „Klagen der Industrie“ hört, oder ob die Probleme der Industrie – einer wesentlichen Grundlage des Wohlstands – ein wenig konkreter nachvollzogen werden können.

Es empfiehlt sich, diese Aspekte auch in der öffentlichen Diskussion verstärkt in den Mittelpunkt zu rücken. Es ist verwunderlich, dass die Fernsehanstalten dieses großen Industrielandes allabendlich Tierfilme zeigen oder über Menschen berichten, die Bäume umarmen, am Zustand der Industrie und einer eventuellen Gefährdung des Wohlstands aber keinerlei Interesse zeigen.

Laut Kohlekommission gab es 1990 noch 36 Aluminiumhütten in Europa. 2018 waren es nur noch 15. Der Kommissionsbericht hält für die weitere Zukunft fest: „Mit einer Grundlastversorgung, die sich bei einem abrupten Ausstieg aus der Kohleverstromung überwiegend auf teurere Gaskraftwerke stützt, wäre eine stromintensive Industrieproduktion in Deutschland nicht mehr wettbewerbsfähig möglich."

Bei der Aluminiumproduktion sei Strom der größte Kostenblock. Die Stromkosten betrügen ca. 40 % der Gesamtkosten. Ein Anstieg von 1 ct/kWh bedeute daher einen Gesamt-Produktionskostenanstieg von rund 10 % im Vergleich zu den Kosten in 2018, „und dies gegen einen weltweit einheitlichen Börsenpreis für das erzeugte Aluminium".

Allein die Trimet Aluminium SE benötige mit 6 TWh pro Jahr mehr als 1 % Prozent der gesamten deutschen Stromproduktion – 1 ct/kWh seien somit gleichbedeutend mit jährlichen Mehrkosten von 60 Mio. Euro.[195]

In einem Gutachten für die Hydro Aluminium Rolled Products GmbH heißt es: „Das Rheinwerk in Neuss sowie das daneben angesiedelte Walzwerk Alu Norf brauchen an jedem Tag im Jahr 24 Stunden Strom. Daher gibt es zur Versorgung mit Strom aus Braunkohle kaum Alternativen. Dies wird sich mit dem bis zum Jahr 2022 endgültigen Ausstieg aus der Kernenergie noch deutlich verstärken. Die deutlich teurere Produktion von Grundlaststrom mit Gaskraftwerken ist für die stromintensive Industrie keine Alternative."[196]

IG Metall-Chef Jörg Hofmann mahnte im September 2019 in einem Interview mit der Hannoverschen Allgemeinen: „Es ist auch nicht möglich, die deutsche Industrie bis 2035 völlig emissionsfrei zu machen, ohne dass uns Massenarbeitslosigkeit und Wohlstandsverluste drohen."[197]

Das wesentliche Problem könnte sein, dass der Erhalt von Industrie und Arbeitsplätzen eventuell gar nicht im Interesse aller Akteure liegt. So schreibt das Handelsblatt im Januar 2019, die deutschen Stahlhersteller sorgten sich trotz aller Anstrengungen um ihr Geschäft. „Denn dass die EU eines Tages harte Regeln für eine klimaneutrale Industrie festlegen wird, gilt in der Branche als ausgemacht. Mehr oder weniger eindeutig äußerte sich hierzu auch der zuständige EU-Kommissar für Klimaschutz und Energie, Miguel Arias Cañete, als er erklärte: Bei einer vollständigen Dekarbonisierung Europas könnten möglicherweise ganze Industriezweige verschwinden."[198] Nimmt man das billigend in Kauf – oder ist es sogar die Absicht?

Unterm Strich zeigt sich: Es wird auf so manches keine einfachen Antworten geben. Die Augen vor diesen Realitäten zu verschließen, ist auch nur der Versuch einer einfachen Antwort.

Eine verantwortungsbewusste Politik wie auch die Öffentlichkeit werden sich mit diesen Zusammenhängen und Fragestellungen über kurz oder lang befassen müssen – spätestens nach Abwanderung der Industrie, mit allen damit verbundenen Konsequenzen.

Deutschlands Zukunft: Land der Pilotprojekte?

Die CDU/CSU-Bundestagsfraktion diskutierte im Dezember 2019 mit hochrangigen Experten über das Thema Wasserstoff. Es ging um Einschätzungen zum Stand und zu den Perspektiven einer Wasserstoff-Wirtschaft. Die Fragestellung war: Geht es vorläufig nur um Forschung und Entwicklung sowie um Pilotprojekte oder geht es um eine Markteinführung, und wer profitiert am Ende davon?

Manchen Experten und Politikern ging es angesichts der erheblichen Herausforderungen primär nur um die weitere Förderung von Forschung und Entwicklung, andere plädierten für eine schnelle Markteinführung.

Prof. Ferdi Schüth vom Max-Planck-Institut für Kohlenforschung propagierte eine Strategie der schnellen Markteinführung mit deutscher Finanzkraft, ohne dass dadurch auf Dauer Arbeitsplätze in Deutschland geschaffen werden sollen:

So ist nach Einschätzung von Schüth nach der Technologie-Einführung zu erwarten, dass „der Photovoltaik-Wasserstoff" nicht in Deutschland, sondern möglicherweise als erstes in Ländern wie Saudi-Arabien kostengünstig hergestellt werden könnte.

Deutschland soll aber die Technologie-Einführung finanzieren: "Wir müssen die Kosten für grünen Wasserstoff runterbekommen. Wir müssen politische Signale setzen, damit die Kosten für fossilen Wasserstoff hoch gehen. Und dann müssen wir möglichst schnell zu Geschäftsmodellen kommen, die sich lohnen zu investieren, wo das Return on Investment nicht 2040 kommt, sondern vielleicht 2025. (...) Aber die Rahmenbedingungen, so dass es vielleicht auch in geschützten Bereichen Geschäftsmodelle gibt, die attraktiv sind, die es erleichtern, Wasserstoff einzuführen, das ist eine Aufgabe, die ich in der Politik sehen würde."

„Und das wäre ja nicht das erste Mal, dass wir so etwas tun", so Schüth. „Wenn man den Bereich photovoltaische Energieerzeugung nimmt; ein Kollege, der ehemalige Forschungsleiter der RWE, Frank-Detlef Drake, hat es einmal sehr treffend formuliert: Die Photovoltaik-Förderung war ein Geschenk an die Welt Deutschlands. Wir haben dafür gesorgt, unter anderem, dass photovoltaische Elektrizitätserzeugung billig wurde, und jetzt hat am Ende die Welt etwas davon – selbst wenn wir teilweise nicht damit unsere Arbeitsplätze sichern. Aber ich glaube Deutschland hat genügend lange auch zu Lasten anderer Weltregionen gelebt (...) Vielleicht ist es gar nicht unfair, ein bisschen zurückzugeben, und vielleicht kann man so etwas Ähnliches auch beim Wasserstoff machen."[199]

Die Vorstellung ist also, ähnlich wie bei der Photovoltaik eine Industrie vorzufinanzieren, die dann, sobald es rund läuft und die erwünschte Kostensenkung realisiert wurde, beispielsweise nach Saudi-Arabien verlegt wird. Wäre es dann nicht sehr viel naheliegender, auf die exorbitanten Einnahmen aus dem saudischen Ölgeschäft zurückzugreifen, statt auf die Steuerzahler in Deutschland?

Das Szenario deutet darauf hin, dass möglicherweise gar nicht die Absicht besteht, eine neue „grüne" Industrie in Deutschland bzw. in Europa auf Dauer zu etablieren. Offenbar ist die Verlagerung und der Verlust von Arbeitsplätzen von Anbeginn an eingepreist.

Aufschlussreich sind in diesem Zusammenhang die Entwicklungen in der nordrhein-westfälischen Stahlindustrie. Dort soll nun der Einstieg in die Produktion von – angeblich – „grünem Stahl" vorbereitet werden, der nicht mit Kohle, sondern mit Wasserstoff auf der Basis erneuerbarer Energien hergestellt wird.

Der Standort Duisburg von ThyssenKrupp soll zum „Vorzeigeprojekt" werden. Der größte Teil der Anlage soll bis 2025 stehen und zu diesem Zeitpunkt 400.000 Tonnen Wasserstoff-Stahl pro Jahr produzieren. Für 2030 liegt das Ziel bei drei Millionen Tonnen.

Mangels vorhandener Kapazitäten wird der dafür benötigte Wasserstoff allerdings nicht mit Hilfe von Wind- bzw. Solarstrom und Elektrolyseuren hergestellt. Vielmehr möchte man laut ThyssenKrupp auf Wasserstoff zurückgreifen, der aus Erdgas gewonnen wird (sog. blauer bzw. türkiser Wasserstoff), teilweise sogar direkt auf Erdgas, um vermeidbare Umwandlungsverluste zu vermeiden.

Von „grünem Stahl“ kann demnach nicht die Rede sein. „Dies gilt zumindest solange, wie nicht genügend erneuerbarer Strom für die Elektrolyse zur Verfügung steht“, heißt es in einer Stellungnahme des Stahlkonzerns für den Landtag in Düsseldorf. Denn: Selbst bei Nutzung sämtlicher Solar- und Windenergie-Potenziale „wird diese Erzeugungskapazität bei weitem nicht ausreichen und Importe von Wasserstoff werden notwendig sein“. Dies auch deswegen, weil für die in Deutschland erneuerbar erzeugte Energie „eine Konkurrenzsituation durch die parallel zunehmende Elektrifizierung von Prozessen“ bestehe, die demnach nicht zur Wasserstoffproduktion zur Verfügung stehe, so ThyssenKrupp.

Der Stahlhersteller plant daher „Partnerschaften mit potentiellen Erzeugerländern von erneuerbarem Wasserstoff insbesondere in Nordafrika und dem mittleren Osten“. Gut möglich, dass die Wasserstoff-Stahlherstellung dann – wie oben schon dargestellt – über kurz oder lang dorthin verlagert wird.

Thyssen-Krupp beziffert die Höhe der Investitionen, die für den Komplettumbau der Produktion erforderlich sind, auf 10 Mrd. Euro, wobei es zunächst nur darum geht, Kohle durch Erdgas/Wasserstoff zu substituieren. Die „Transformation“ insgesamt werde „mindestens 50 Milliarden Euro kosten“, berichtete die Tagesschau im Oktober 2020, recht lapidar.

Klar ist, dass der neue Wasserstoff-Stahl nicht ohne „Staatshilfen“ wettbewerbsfähig wäre, so dass sogar über eine Staatsbeteiligung bei ThyssenKrupp nachgedacht wird. Dafür warb im August 2020 sogar das Handelsblatt mit einem Beitrag unter dem Titel: „Im Notfall steigt der Bund in die Produktion von klimaneutralem Stahl ein“.[200]

Im Juni 2020 wurden von der Bundesregierung vorläufig 9 Mrd. Euro für die Förderung der Wasserstoffwirtschaft insgesamt beschlossen. Es gehe jetzt vor allem darum, „den

Markthochlauf" in Gang zu kriegen, so Kurt-Christoph von Knobelsdorff, Geschäftsführer der Nationalen Organisation Wasserstoff- und Brennstoffzellentechnologie.

Konkret heißt das, statt kleiner Demonstrationsprojekte nun große Industrieanlagen zur Wasserstofferzeugung und -verarbeitung zu bauen. Zum Beispiel riesige Elektrolyseure, die Wasser mit Hilfe von erneuerbarem Strom spalten und dadurch Wasserstoff in Tonnenmengen produzieren können statt nur im Kilogrammmaßstab. Eine Massenproduktion, die das Kardinalproblem von grünem Wasserstoff lösen soll: Bislang ist er schlicht zu teuer, so Christopher Hebling vom Fraunhofer-Institut für Solare Energiesysteme gegenüber dem Deutschlandfunk.

„Die Frage, die über allem steht, sind die Kosten. Wie kann nicht nur die Wasserstofferzeugung über die Elektrolyseure, sondern auch Transport, Speicherung, Rückwandlung so kostengünstig gestaltet werden, dass sie auch in einer fossilen Welt überleben kann?"

Der Deutschlandfunk macht in seinem Bericht auch deutlich, wohin die Gelder für die Wasserstoffwirtschaft zu erheblichen Teilen fließen: „Mit Mitteln aus dem Konjunkturpaket sollen Produktionsanlagen deutscher Hersteller in sonnenreichen Partnerländern entstehen."[201]

Wie man große Wasserstoff-Infrastrukturen einschließlich der Transportwege in den überwiegend sehr instabilen nordafrikanischen Staaten aufbauen und dauerhaft sichern möchte, wird nur selten erörtert. Denkt man an stabilere und zum Teil extrem reiche Staaten auf der arabischen Halbinsel, dann ist fraglich, warum neben der Lieferung von Spitzentechnologie auch noch deutsche Konjunkturpakete dafür beansprucht werden sollten.

Die nächsten Jahre und Jahrzehnte werden zeigen, ob es gelingt, neue, wettbewerbsfähige Industriestrukturen auch hierzulande aufzubauen, oder ob Deutschland zu einem „Land der

Pilotprojekte und Markteinführungsprogramme" wird, das wiederholt Industrien aufbaut, dann aber schnell wieder verliert.

Wird es gelingen, mit diesen Technologien dauerhaft Wohlstand und Arbeitsplätze in Deutschland, Europa und in der „europäischen Nachbarschaft" zu sichern, oder werden mit großem Aufwand Infrastrukturen aufgebaut, die immer wieder auch durch kriegerische Auseinandersetzungen zerstört werden könnten? Denn: Die Energie-Infrastruktur ist weltweit ein primäres Angriffsziel in Kriegen und durch Terrororganisationen, wie die Akademie Bergstraße in dem Buch „Anleitung gegen den Krieg" nachgewiesen hat.[202]

„Das wird nicht mehr demokratisch geschehen"

Im öffentlich-rechtlichen Sender „Phoenix" (ARD/ZDF) wurde am 24. Juni 2019 eine nicht-demokratische globale Umweltpolitik als gewissermaßen unausweichlich dargestellt. Prof. Dr. Wolfgang Merkel, Direktor der Abteilung Demokratie und Demokratisierung am Wissenschaftszentrum Berlin für Sozialforschung, sagte, nicht die demokratischen Parlamente würden künftig die Klimapolitik bestimmen, sondern Regierungen und „Technokraten" internationaler Organisationen: „Das wird nicht mehr demokratisch geschehen (…)"

Politologe Merkel betonte zunächst, dass klimapolitische Maßnahmen in Deutschland unterm Strich nichts lösen würden: „Ich stimme zu: Klima, es wäre lächerlich zu sagen, dass wir das in Dänemark, Österreich oder Deutschland alleine lösen können. Deutschland emittiert etwa zwei bis drei Prozent der CO_2-Emissionen auf der ganzen Welt." Zwar müsse man in Deutschland etwas tun, wirkungsvolle Maßnahmen „erfinden" und einsetzen. „Aber letztendlich werden wir ganz wenig an dem Problem lösen“, so Merkel.

„Also wir werden die nächsten 10 Jahre, das lässt sich voraussagen, in den nächsten 10 Jahren werden wir erhebliche Kosten haben, die wahrscheinlich wieder das untere Drittel der Gesellschaft ganz stark zu tragen hat, erhebliche Kosten haben“, so Merkel. „Aber wir werden nahezu nichts realiter, in der Realität, an dem Klimawandel ändern, weil wir sozusagen ein zu kleiner Spieler sind.“

Prof. Merkel weiter: „Und wenn wir sagen, mit Recht sagen, dass wir sozusagen ein Konzert, insbesondere bei den großen, den USA, China, Indien, dabei zusammenbringen müssen, dann haben wir ein Problem, das heißt: Das wird nicht mehr demokratisch geschehen, die Parlamente werden da keine Rolle spielen, das werden die Exekutiven, die Regierungen, und Technokraten der großen Organisationen tatsächlich weitgehend vorantreiben. Das kann man sagen, das müssen wir so tun. Aber wir müssen ehrlich sein: Das werden wir nicht in derselben demokratischen Weise tun können, wie wir das in dem gemütlichen Nationalstaat tun konnten", so der Politologe.

Diese Aussage, wonach eine globale Umweltpolitik ohne demokratische Entscheidungen zu erwarten sei, blieb in der Sendung so stehen. Moderatorin Michaela Kolster, ZDF-Programmgeschäftsführerin des Fernsehsenders Phoenix, sah keine Veranlassung, Nachfragen zu diesen beunruhigenden Ankündigungen zu stellen.[203]

Man kann dies als eine Ankündigung des Versuchs auffassen, mit Hilfe von willigen Exekutiven und Technokraten großer globaler Institutionen nicht zuletzt auch Staaten wie die USA, China und Indien mit undemokratischen Mitteln zu einer anderen Politik zwingen zu wollen.

Diese Ankündigung in der Phoenix-Sendung vom 24. Juni 2019 führte bemerkenswerter Weise nicht zu einer breiten öffentlichen Empörung und zu Massendemonstrationen zur Verteidigung der Demokratie. Offenbar reicht das Stichwort „Klimaschutz“ inzwischen aus, um alle Maßstäbe außer Kraft zu setzen, die bislang galten. Von einer „wehrhaften Demokratie“ ist nur wenig zu spüren.

Am 30. Juli 2020 beschrieb der ehemalige deutsche Außenminister Joseph Fischer in einem Gastkommentar für das Handelsblatt die Coronakrise als „Beginn der großen Transformation“. Laut Fischer verfügt die Covid-19-Krise über eine sehr grundsätzliche „Dimension: Rückblickend wird diese Krise im Jahr 2020 vielleicht einmal als der Beginn der ‚großen Transformation‘ der globalen Industriegesellschaft hin zu einer Gesellschaft der Nachhaltigkeit und der Verantwortungsübernahme der Menschen für ihr Tun bezeichnet werden, soweit sie sich in Industriegesellschaften organisieren. Wenn es gut geht, erweist sich das Virus als ein Weckruf zur rechten Zeit …“

Der ehemalige Außenminister schreibt, dass für „das alte Europa (…) sich eine unverhoffte Chance“ bietet, wenn es „den Mut hat, eine Führungsrolle bei dieser großen Transformation anzustreben.“[204]

Es geht dem ehemaligen deutschen Außenminister also um die Möglichkeit, dass das alte Europa eine „Führungsrolle“ einnimmt, um in den Industriestaaten eine „große Transformation“ hin zu einer „Gesellschaft der Nachhaltigkeit“ durchzusetzen.

Was mit der vielfach geforderten „Führungsrolle“ konkret gemeint ist, welche Dimension hinter diesem Begriff steckt, ist dem Buch „Kriegsmacht Deutschland?“ der Akademie Bergstraße zu entnehmen.[205]

Denn möglicherweise ist irgendwann der Weg hin zu „Klimaschutzkriegen“ nicht mehr allzu weit, mit denen versucht wird, anderen Völkern innerhalb und außerhalb Europas die eigene Agenda aufzuzwingen.

Gerade in Deutschland sollte man sehr wachsam sein, wenn von Beschränkungen der Demokratie und von einer Führungsrolle die Rede ist. Die deutsche Umweltbewegung verstand sich immer auch als Friedens- und Demokratiebewegung. Hat das noch Gültigkeit?

7. Neujustierung der Energiepolitik

Die Energiewende-Debatte wird seit den 1970er Jahren, also seit rund fünf Jahrzehnten intensiv geführt und wissenschaftlich sehr umfassend untersucht.

Seit den 1980er Jahren, also seit rund vier Jahrzehnten wird die Vision einer Wasserstoff-Wirtschaft gepriesen und intensiv erforscht, als Langzeitspeicher bzw. Sekundärenergieträger für Wind- und Solarstrom.

Seit den 1990er Jahren, also seit drei Jahrzehnten, erfolgt in Deutschland und anderen Ländern eine breite Markteinführung und Marktdurchdringung mit Photovoltaik- und Windenergieanlagen.

Vor diesem Hintergrund verfügen wir heute, Anfang der 2020er Jahre über eine hervorragende Wissensbasis. Wir haben nach einem halben Jahrhundert Energiewende-Erfahrung die Möglichkeit – wie auch die Verpflichtung –, Zwischenbilanz zu ziehen und ggf. notwendige Korrekturen vorzunehmen.

Das fatale Prinzip Hoffnung

Beim Ausbau der erneuerbaren Energien wurde sehr viel erreicht. Die produzierten Strom-Mengen, erzeugt in kleinen, dezentralen Anlagen, vielfach „in Bürgerhand“ sind sowohl technisch als auch organisatorisch höchst beeindruckend.

Die gesellschaftliche Kraft der so genannten Energiewende-Bewegung, die aus einer „Bürgerbewegung“, aus vielen Akteuren in der Politik und aus zahlreichen profitorientierten Unternehmen und sonstigen davon profitierenden Institutionen besteht, ist immens.

Es handelt sich somit keinesfalls primär nur um eine idealistische „Basisbewegung“, vielmehr waren es letztlich „Entscheidungen von oben“, die seit 1990 beginnend mit dem Stromeinspeisungsgesetz diese Entwicklung ermöglichten. Nur mit einer Privilegierung der erneuerbaren Energien („Einspeisevorrang“) und mit dem Umsteuern gewaltiger finanzieller Mittel in die Kanäle der erneuerbaren Energiewirtschaft konnte das aktuelle Stromerzeugungssystem etabliert werden.

Dieses sollte nun, dreißig Jahre später, einer kritischen Bewertung unterzogen werden.

Die Bereitschaft zu einer solchen Analyse und Bewertung ist jedoch eher gering, sich zunehmend deutlicher abzeichnende Probleme werden ungern aufgegriffen und sachlich erörtert, jedenfalls nicht öffentlich.

Sehr umfassend wird mit dem Prinzip Hoffnung gearbeitet, insbesondere, da die notwendigen Langzeitspeicher (saisonalen Speicher) in den vergangenen Jahrzehnten nicht aufgebaut wurden.

Da wird Hoffnung gemacht, die Speicher würden schon kommen, sobald sie wirklich benötigt werden, obwohl sie wegen der anstehenden Kraftwerksstilllegungen jetzt schon dringend gebraucht würden, um die volatile Einspeisung abzupuffern und eine zuverlässige Versorgung zu gewährleisten. Auch ist die Bereitschaft, einen Teil der Gewinne aus der Solar- und Windstromproduktion in die Entwicklung von Langzeitspeichern zu investieren, eher gering.

Es wird Hoffnung gemacht, stationäre und mobile Batteriespeicher oder „intelligente Stromnetze“ könnten das Problem fehlender Langzeitspeicher lösen. Auch das ist wie dargelegt nicht der Fall. Hoffnung wird auch schon seit den 1970er Jahren in regelmäßigen Abständen mit einer solaren Wüstenstromerzeugung in Nordafrika gemacht, zuletzt als „Desertec-Projekt“ jahrelang propagiert, ohne dass bis heute auch nur eine einzige Kilowattstunde Strom aus der Wüste in Deutschland angekommen wäre.

Aktuell liegen viele Hoffnungen auf dem Import riesiger Mengen „grüner synthetischer Kraftstoffe“ aus aller Welt, ohne vertieft der Frage nachzugehen, ob die mächtigen Öl- und Gasmultis dies möglicherweise nur als lukratives Zusatzgeschäft wie die „Premiumkraftstoffe“ (V-Power, Ultimate etc.) für bestimmte Marktsegmente planen und wie die Umwelt-, Kosten- und Arbeitsplatzbilanz dabei aussehen. Werden sich Deutschland und andere europäische Staaten den Import teurer synthetischer Kohlenwasserstoffe auf Dauer tatsächlich leisten können?

Hoffnung wird auch vermittelt, wenn durch die Kommunikation über zahllose technische Möglichkeiten der Eindruck unendlicher Möglichkeiten erweckt wird. Zuletzt wurde beispielsweise die Abwärme von Rechenzentren ins Spiel gebracht und damit die Hoffnung genährt, man könne so einen bedeutenden Teil des Raumwärmebedarfs abdecken.

Ähnlich sieht es aus mit dem „Vielfach-verbuchen“ von „nur einmal“ zur Verfügung stehenden Energiemengen. Der Energiegehalt einer spezifischen Menge von in Elektrolyseuren erzeugtem „Wasserstoff“ beispielsweise steht nur wahlweise für verschiedene Zwecke zur Verfügung: zur direkten Wiederverstromung, zur Methanisierung und Wiederverstromung, zur Raumwärmegewinnung und zudem noch für die Prozesswärmeproduktion. In Heizkraftwerken kann man zwar Strom und Wärme gleichzeitig produzieren, allerdings muss man dabei den Energiehalt des Wasserstoffs auf die beiden Produkte Strom und Wärme „aufteilen“. Es muss stets sauber und übersichtlich quantifiziert werden.

Es ist menschlich und grundsätzlich auch notwendig, zu hoffen, dass wünschenswerte Entwicklungen eintreten mögen. Das Prinzip Hoffnung ist aber keine hinreichende Grundlage für weitreichende energiepolitische und somit wirtschaftliche Grundsatzentscheidungen. Hierfür sind verlässliche Informationen über tatsächlich verfügbare Technologien und deren Quantitäten notwendig. Spätestens dann, wenn Hoffnungen primär dazu dienen, den Blick auf die Wirklichkeit zu verschleiern, ist Vorsicht angesagt.

Als Bundesminister für Wirtschaft und Energie äußerte sich Sigmar Gabriel in den Jahren 2013 und 2014 sehr kritisch zu einem schlichten „Weiter so“ beim Umbau der Energiewirtschaft.

In einem Vortrag beim Kasseler Hersteller von Solarkomponenten SMA am 17. April 2014 sagte Gabriel: „Die Wahrheit ist, dass die Energiewende kurz vor dem Scheitern steht. Die Wahrheit ist, dass wir auf allen Feldern die Komplexität der Energiewende unterschätzt haben.“[206]

Schon 2013 hatte Gabriel im Gespräch mit der Wirtschaftswoche über das Erneuerbare-Energien-Gesetz (EEG) gesagt: „Das EEG war ein kluges Gesetz, als grüne Energien eine Nische waren. Jetzt entwickelt es sich zum Hindernis für deren Zukunft." Der Wirtschaftsminister forderte einen grundlegenden Richtungswechsel in der Energiepolitik: "Wenn die Energiewende nicht komplett neu gestartet und endlich professionell gesteuert wird, stehen wir vor dem größten Deindustrialisierungs-Programm unserer Geschichte.“ Auch die Ausbaudynamik der erneuerbaren Energien müsse kontrolliert werden: „Je mehr, desto besser – das ist falsch“, so Gabriel.[207]

Selbstverständlich erntete der Wirtschaftsminister damit eine Welle der Entrüstung. Empörung ist aber kein Ersatz für eine ernsthafte Befassung und Sachauseinandersetzungen mit existenziellen Themen.

Es wäre notwendig, eine echte und ehrliche Zwischenbilanz zu ziehen, statt immer und immer wieder nur "neue Hoffnungen" zu verbreiten, denen unter Umständen die Substanz fehlt. Statt jedem neuen "Hoffnungsschimmer" bzw. "Heilsversprechen" nachzujagen, sollte diese Gesellschaft dazu in der Lage sein, die Frage zu beantworten:

„30 Jahre Energiewende – was geht und was geht nicht?“

Es stehen viel zu viele Aspekte gleichzeitig auf dem Spiel, die Welt hat sich in den vergangenen 30 Jahren gravierend gewandelt, so dass möglicherweise auch die Entschleunigung von Prozessen eine wesentliche Option sein könnte.

Denkbare Leitlinien

Wie dargelegt, ist der aktuelle Umbau der Energiewirtschaft sehr fragwürdig. Neben den ganz praktischen energiewirtschaftlichen und technischen Fragen bedarf es wohl auch eines übergeordneten, ethischen Rahmens, wie die energiepolitische Diskussion sinnvoll weitergeführt werden und wie eine gesellschaftliche Willensbildung und Entscheidungsfindung erfolgen könnte.

Nachfolgend einige Überlegungen für die Entwicklung möglicher Leitlinien einer modifizierten Politik:

1. Revolutionäre Prozesse, die mit Begriffen wie Große Transformation, Green New Deal, European Green Deal, Green Recovery, Nachhaltige Entwicklung, Vollständige Dekarbonisierung, Postwachstumsökonomie etc. auf die globale und euro-

päische Agenda gesetzt wurden, und die die Gefahr bergen, den Wohlstand substanziell zu unterminieren, dürfen den Völkern nicht aufoktroyiert werden.

2. Die Einleitung weitreichender disruptiver, also das Bisherige zügig zerstörender Prozesse unter unverständlichen „Tarnbezeichnungen“[208] zu vollziehen, ohne dass der Bevölkerung offengelegt wird und bewusst werden kann, um welche Maßnahmen und Ziele mit welchen Konsequenzen es in Wirklichkeit geht, ist nicht akzeptabel.

3. Es ist eine Kultur politischer Willensbildungsprozesse auf der Basis informierter öffentlicher Debatten zu entwickeln, bei denen keine relevanten Informationen unterdrückt und keine Personen und Sichtweisen tabuisiert oder stigmatisiert werden. Totalitäre Formen der Einschränkung der freiheitlich-demokratischen Willensbildung sind zu unterbinden.

4. Im Sinne auch der Generationengerechtigkeit sind nicht nur ökologische, sondern auch ökonomische Lebensgrundlagen auf hohem Niveau zu erhalten und nach Möglichkeit zu verbessern. Beschränkungen von Grundbedürfnissen – u.a. eine zuverlässige Versorgung mit Strom und Wärme – sind tabu.

5. Den Wohlstand substanziell gefährdende Programme sind wegen der Gefahren für Leben und Gesundheit, für die innere und äußerer Sicherheit, sowie auch im Sinne von Generationengerechtigkeit, abzulehnen. In Ländern, die auf den Fortbestand ihrer Industrie angewiesen sind, sollten zwar „schädliche Auswüchse“ der industriellen Produktion begrenzt werden, es darf jedoch nicht darum gehen, eine Deindustrialisierung herbeizuführen.

6. Es ist unzulässig, kurzfristig Menschen zu opfern (z.B. infolge von „Energiearmut“), weil Langfrist-Prognosen Gefahren für Leben und Gesundheit prophezeien. In diesem Zu-

sammenhang bedürfen frühere Langfristprognosen, die sich vielfach als falsch herausgestellt haben, einer kritischen Bewertung.

7. Statt auf Maximalforderungen zu beharren, sollte der gesellschaftliche Ausgleich, der Kompromiss spätestens dann das Ziel sein, wenn starke und begründete Zweifel an der Realitätstauglichkeit eines Veränderungsprozesses bestehen.

8. Ein Antreiben von Veränderungsprozessen mit der pauschalen Aussage, alles sei stets „nicht ausreichend", ist kein adäquater Beitrag zur politischen Willensbildung einer Gesellschaft.

9. In der Umweltpolitik sollte über tatsächlich machbare Zielvorstellungen und auch über (vorläufige) „Endmarken" gerungen werden, weil ansonsten unkontrollierbare Dynamiken entstehen, wonach es „nie genug Ökologie" gibt und am Ende jegliches Wirtschaften und jegliche menschliche Existenz verunmöglicht werden würde.[209] Physikalisch-technisch nicht realisierbare Umweltnormen, die auf die Zerstörung von Wirtschaftszweigen abzielen, ohne diese Absicht offenzulegen, sind abzulehnen.[210]

10. Angesichts von derzeit eher wenig realitätstauglichen Beschlüssen und Entwicklungen ist dringend eine „Denkpause" nötig. Aus den aktuellen Beschleunigungsprozessen sollte das Tempo herausgenommen werden. „Entschleunigung" ist vor dem Hintergrund vielfältiger und gleichzeitig auftretender Mega-Krisen ein Gebot der Stunde.

11. Vor dem Abbau einer essentiellen Infrastruktur muss stets zuvor eine funktionierende und bezahlbare neue Infrastruktur aufgebaut sein.

12. Utopien und Visionen können selbstverständlich frei entworfen, vielfältige Maßnahmen können im Rahmen von Pilotprojekten erprobt werden. Sobald es aber in grundlegende Umbauprogramme ganzer Volkswirtschaften geht, muss die

Realisierbarkeit im Detail nachgewiesen sein und im Zuge der Umsetzung von Maßnahmen müssen diese regelmäßig evaluiert und ggf. korrigiert werden, bis hin zum eventuellen Abbruch der Umbaumaßnahme. Politik und Gesellschaft müssen weitaus besser als in der Vergangenheit lernende Systeme werden.

Mehr Sachlichkeit und Besonnenheit

Da die energiepolitische Auseinandersetzung ideologisch sehr aufgeladen ist, fällt „der Öffentlichkeit" und auch „der Politik" eine rationale Analyse und eventuelle Kurskorrektur schwer. Dennoch wird dieses Land nicht umhinkommen, sich dieser Aufgabe zu stellen.

Denn: Andernfalls werden die faktischen Umstände eine vertiefte Auseinandersetzung erzwingen.

Es empfiehlt sich, die aufgeworfenen Fragestellungen und verschiedenste Lösungsansätze in aller Ruhe zu erörtern. Dies jedoch nicht primär in Form bloßer Meinungsäußerungen, sondern in Form geeigneter Formate, die eine sachlich-argumentative Erörterung auch tatsächlich ermöglichen. Die Zeiten einer „schnellen Meinungsbildung" sollten vorbei sein.

Der aktuelle Ruf nach „der Wissenschaft" mag teilweise hilfreich sein. Wissenschaftler und Praktiker aus der Energiewirtschaft, die sich vertieft mit den aktuellen Fragen der Versorgungssicherheit befassen, sind verfügbar. Die Aufgabe der Politik wie auch der Medien wäre es, das „vollständige Spektrum" dieser Wissenschaftler und Praktiker mit ihren unterschiedlichen Ansätzen, Forschungsergebnissen, Praxiserfahrungen und Sichtweisen umfassend anzuhören.

Expertenanhörungen des Deutschen Bundestages sollten zur besten Sendezeit live im Fernsehen übertragen werden.

Die Medien sollten neue Formate entwickeln, „öffentliche Anhörungen“, in denen Vertreter aller Sichtweisen ausführlich zu Wort und miteinander ins Gespräch kommen, ohne dass diese Gespräche manipulativ „gesteuert“ werden.

Denn: Die Steuerzahler haben ein Anrecht darauf, die Ergebnisse der von ihnen finanzierten Forschungen zum Thema Versorgungssicherheit „im Original“, d.h. von den Wissenschaftlern selbst ausführlich zu hören.

Auch emeritierte Professoren, nicht mehr aktive Mitarbeiter der Energiewirtschaft etc. sollten intensiv angehört werden, weil diese oftmals freier sind, ihre Auffassungen darzulegen, als Personen, deren Karriere noch auf dem Spiel steht. Gerade in der heutigen Zeit sind Karrieren schnell beendet, wenn „die falsche Sichtweise“ vorgetragen wird.

Das Ausgrenzen und Abwerten von „Minderheitenmeinungen“ sollte unterbleiben, denn bei Fachfragen ist der freie Austausch eine entscheidende Grundlage für die demokratische Willensbildung sowohl in der Bevölkerung als auch in der Politik.

Ferner sollten auch andere Fachleute und Fachpolitiker mit unterschiedlichen Auffassungen auch in den Medien intensiv gehört und miteinander in einen sachlichen Austausch gebracht werden. Auch hier wären seitens der Medien Formate zu entwickeln, die an die von den Wissenschaftlern und Praktikern gelegten Grundlagen anknüpfen.

Dreh- und Angelpunkt müsste das Thema Versorgungssicherheit sein, welches in der energiepolitischen Diskussion der jüngeren Vergangenheit sträflich vernachlässigt worden ist, so dass die Dimension des Problems in der Öffentlichkeit weithin unbekannt ist.

Die deutsche Energiepolitik basiert traditionell auf drei gleichrangigen (!) Faktoren, die auch heutzutage essenziell sind, um langfristig tragfähige Entscheidungen zu treffen: Das

„energiepolitische Zieldreieck" – ein Kernelement der deutschen Politik überhaupt – basiert auf den Teilzielen Wirtschaftlichkeit, Umweltverträglichkeit und Versorgungssicherheit. Das heißt: Die Energieversorgung muss bezahlbar, umweltfreundlich und versorgungssicher erfolgen.

Selbstverständlich stehen diese Ziele zum Teil in Konkurrenz zueinander, weswegen sie jeweils für sich intensiv betrachtet und schließlich gegeneinander abgewogen werden müssen.

Das Ziel der Umweltfreundlichkeit wurde in den vergangenen Jahren in Politik und Medien ausgiebig erörtert, das Bewusstsein für dieses Ziel ist enorm hoch. Vernachlässigt wurden jedoch die Ziele Wirtschaftlichkeit und Versorgungssicherheit. Da der Strom bislang sehr zuverlässig aus der Steckdose kommt und offiziell überwiegend die Aussage getroffen wird, es gäbe kein Problem damit, ist sowohl die Sensibilität für als auch das Wissen über Aspekte der Versorgungssicherheit äußerst gering. Dies gilt es zu ändern.

Die Gefahren einer einseitigen Orientierung der Energiepolitik sind der Regierungskoalition sehr wohl bewusst, zumindest war es noch so in der vergangenen, 18. Legislaturperiode. So hieß es im damaligen Koalitionsvertrag vom 14. Dezember 2013: „Die Ziele des energiepolitischen Dreiecks – Klima- und Umweltverträglichkeit, Versorgungssicherheit, Bezahlbarkeit – sind für uns gleichrangig. Die Energiewende wird nur dann bei Bürgern und Wirtschaft Akzeptanz finden, wenn Versorgungssicherheit und Bezahlbarkeit gewährleistet sowie industrielle Wertschöpfungsketten und Arbeitsplätze erhalten bleiben."

Dennoch beanstandete der Bundesrechnungshof immer wieder, dass selbst das zuständige Bundeswirtschaftsministerium „die Ziele des ‚energiepolitischen Dreiecks' Umweltverträglichkeit, Versorgungssicherheit und Bezahlbarkeit nicht gleichrangig berücksichtigte".[211]

Es ist nun höchste Zeit, die zuletzt genannten Aspekte in Medien und sonstiger Öffentlichkeit prioritär und fach- und sachgerecht zu thematisieren.

Es wäre für diese Gesellschaft wichtig, weitaus besser noch zu lernen, relevante Informationen auch dann zur Kenntnis zu nehmen und lösungsorientiert „zu verarbeiten", wenn sie der eigenen, bisherigen Erwartungshaltung entgegenstehen. Auch müssen möglicherweise manchmal Ergebnisse einer solchen Informationsverarbeitung akzeptiert werden, selbst wenn man zuvor der Auffassung war, dass ein anderes Ergebnis das richtige ist.

Es sind Abwägungsprozesse vorzunehmen, um allen Zielen des Zieldreiecks in angemessener Weise gerecht werden zu können. Das aber bedeutet auch, dass man nicht ein Ziel maximieren und die anderen Ziele ignorieren darf.

Politik, Gesellschaft, Demokratie sind lernende Systeme. Wenn sie nicht schnell und gut genug lernen, können sie leicht an der Realität scheitern.

Vor Jahrzehnten waren die Kontrahenten der energiepolitischen Debatte noch mehr miteinander im Gespräch. Die modern gewordene Praxis des Ignorierens und Denunzierens anderer Sichtweisen sollte überdacht werden. Grundlage einer freiheitlich-demokratischen Gesellschaft ist der intensive Austausch miteinander.

Es sei an dieser Stelle ausdrücklich auf das Buch „Respekt geht anders" von Gabriele Krone-Schmalz verwiesen, in dem sie „unserem zerstrittenen Land" zahllose wertvolle Anregungen und Kriterien an die Hand gibt, wie man zu Dialogbereitschaft und Diskussionsfähigkeit zurückfinden könnte: „Die moralische Aufladung unserer Debatten presst Sachthemen in ein Gut-Böse-Schema und behindert die Sicht auf die eigentlichen Problemlagen", so Krone-Schmalz. Wir seien von Kindheit an Geschichten gewöhnt, in denen Gut und Böse miteinander kämpfen. „Das

Bedürfnis nach moralischer Eindeutigkeit sitzt tief in uns, vermittelt durch Geschichten, verstärkt durch die Religion.“

Krone-Schmalz wendet sich gegen Denkverbote, die niemandem helfen würden. Es sei auch keine Lösung, unbequeme Informationen beiseite zu wischen. Deutschland sei im Kampfmodus. Gruppen würden „gegeneinander gehetzt“. Andersdenkende würden verunglimpft. Sie wirbt dafür, nach Gemeinsamkeiten zu suchen statt aufeinander rumzuhacken, Kompromisse zu würdigen statt auf Maximalforderungen zu beharren und „in der Mitte der Gesellschaft“ mehr Platz zu lassen für streitbare Debatten über Sachthemen, statt diese „unter den Teppich zu kehren“.[212]

Visionären Großprojekten skeptisch begegnen

Die energiepolitische Debatte ist traditionell geprägt von visionären Großprojekten, die der Öffentlichkeit so vermittelt werden, als wären sie morgen schon Realität.

Selbst wenn Großunternehmen solche Projekte ankündigen, auch mit konkreten Zeiträumen, in denen diese realisiert werden sollen, ist mit Blick auf die Vergangenheit festzustellen: Nur ein sehr kleiner Teil der angekündigten Vorhaben wird schließlich in die Tat umgesetzt. Die Energiewirtschaft ist eine Geschichte mit vielen „Fata-Morganas“.

Egal, ob man die vielen hundert Atomkraftwerke in Deutschland nimmt, den Fusionsreaktor, zahllose Pipeline-Projekte, Erdgas- und Erdölprojekte, die solare Wüstenstromerzeugung (zuletzt unter der Bezeichnung „Desertec“ propagiert), die Einführung einer Wasserstoffwirtschaft etc. etc. – alles vielfach angekündigte und weit überwiegend ebenso sicher gescheiterte Projekte.

Entsprechend zurückhaltend sollte man auch sein, wenn Royal Dutch Shell im Februar 2020 „Europas größtes grünes Wasserstoffprojekt“ in Groningen ankündigte. Bis 2030 könnten eventuell 3 bis 4 Gigawatt Offshore-Windstrom für die Wasserstoff-Erzeugung aufgebaut werden. Für den Mega-Windpark auf hoher See müssen viele Windkraftanlagen installiert werden, so Shell. „Die ersten könnten 2027 fertig sein (…)“, so die vage Ankündigung, die wie damals beim Start von Desertec die Phantasie vieler beflügelte.[213]

Andreas Hintennach, Abteilungsleiter der Daimler AG, machte im Dezember 2019 auf einer Veranstaltung der CDU/CSU-Bundestagsfraktion am Beispiel Wasserstoff deutlich, wie oft in der Vergangenheit Vorhaben, die angeblich kurz vor der Realisierung standen, sang und klanglos bis zum nächsten Hype in der Schublade verschwanden:

„Das Thema erwacht jetzt, auch dank der politischen Unterstützung, wieder aus dem Dornröschenschlaf. Ich möchte aber an der Stelle hinzufügen: Wasserstoff hat schon viele Hypes gesehen. Und immer stand es kurz vor dem Durchbruch. Und immer war es fünf vor zwölf. Und immer gab‘s ganz gute Argumente, warum das morgen alles passieren muss. (...) Es war immer irgendwas, warum es nicht funktioniert hat. (...) Das ist ein Marathon-Lauf, den wir da anfangen, nicht so ein 100-Meter-Sprint.“[214]

Grundlage einer rationalen Energiepolitik ist es, nicht auf der Basis großartiger Ankündigungen und vager Hoffnungen zu agieren. Eine gesunde Skepsis ist angezeigt, sobald das nächste Großvorhaben schon morgen alle Energieprobleme lösen soll. Aufgrund der langen Erfahrungen mit gescheiterten Großprojekten kann vernünftigerweise nur das, was tatsächlich realisiert wurde, als Grundlage für weitere Entscheidungen genommen werden.

Zeitliche Verläufe realistisch einschätzen

Die aktuelle Energiepolitik krankt insbesondere daran, dass der Öffentlichkeit vielfach ein falsches Bild über die erforderlichen zeitlichen Verläufe von Umsetzungsmaßnahmen vermittelt wird. Getrieben von solchen Falschdarstellungen werden energiepolitische Entscheidungen getroffen, die nach allem Dafürhalten nicht gelingen können.

Es kann beispielsweise nicht gut gehen, immer noch mehr kurzfristige Stilllegungstermine für Kraftwerke zu beschließen, und sich dabei darauf zu verlassen, dass irgendwelche Ersatzkraftwerke (z.B. Gaskraftwerke) dann schon rechtzeitig am Netz sein werden.

Aus aktueller Sicht ist größte Skepsis angebracht, ob bei Einhaltung der aktuellen Stilllegungspläne für die Atom- und Kohlekraftwerke rechtzeitig Ersatzkapazitäten vorhanden sein werden.

Auch im Verkehrs- und im Gebäudesektor werden die enormen Zeitbedarfe für denkbare Modifikationen in keiner Weise angemessen beachtet. 2017 „plante“ die Bundesregierung, bis 2020 eine Million Elektroautos auf Deutschland Straßen zu bringen, was – natürlich – nicht erfolgte.

Das Neubauverbot von Ölheizungen ab 2026 unterstellt, dass es funktionieren kann, überall dort, wo eine Ölheizung kaputt geht, sofort eine andere technisch machbare und „bezahlbare“ Heizung verfügbar zu machen. Dem darf man mit äußerster Skepsis begegnen.

Auch die Annahmen in Studien zur Reduktion des Raumwärmebedarfs, also das Tempo und die tatsächliche Wirksamkeit von energetischen Sanierungsmaßnahmen im Gebäudebestand, waren und sind meist viel zu optimistisch. Bei komplexen, aufwändigen und teuren Maßnahmen im Gebäudebestand geht es um Zeitverläufe von vielen Jahrzehnten, selbst wenn kräftig angereizt wird oder Maßnahmen vorgeschrieben werden. Gleichzeitig werden aber schon Gasheizungsverbote gefordert.

Die Akademien der Wissenschaften wiesen 2017 auch sehr deutlich darauf hin, dass für den Aufbau von Strukturen wie Strom- und Wärmespeicher, Elektrolyseure und Syntheseanlagen, große Zeiträume erforderlich wären: „Die Entwicklung entsprechender Märkte sowie der Aufbau von Produktionsanlagen und Infrastrukturen im erforderlichen Umfang brauchen Jahrzehnte."[215]

Man sollte sich in der Energiepolitik wieder mit dem Gedanken anfreunden, die Zeitbedarfe sehr viel realistischer als bisher einzuschätzen.

Kraftwerks-Stilllegungen unter Vorbehalt stellen

Angesichts dessen, dass die Kraftwerks-Überkapazitäten in Kürze abgebaut sein werden, ist es notwendig, weitere Stilllegungen zunächst unter Vorbehalt zu stellen.

Die aktuelle Vorgehensweise, wonach es umfassende Pläne und gesetzliche Vorgaben für Stilllegungen zu bestimmten Stichtagen gibt, während andererseits die ersatzweise vorgesehenen, vielfach kommunalen Gaskraftwerke bei weitem nicht im erforderlichen Maße gebaut und ans Netz gebracht werden, darf so nicht weitergehen.

Wegen der extremen Gefahren, die von einer Unterdeckung bei der gesicherten Leistung ausgehen, erscheint es angezeigt, weitere Kraftwerke dann erst stillzulegen, wenn zuvor Ersatzkraftwerke entsprechender Kapazität ans Netz gebracht wurden.

Bei realistischer Betrachtung der Schwierigkeiten, neue Gaskraftwerke mit ausreichender Gesamtkapazität in Kürze zu errichten, wird man darüber nachdenken müssen, vorhandene Kraftwerke als Reserve zu erhalten.

Die mittel- und langfristige Entwicklung des Kraftwerksparks bedarf völlig neuer und umfassender fachlicher und politischer Erörterungen.

In einer Studie im Auftrag des baden-württembergischen Umweltministeriums wird „die Verlängerung des Betriebs bestehender Kraftwerksleistung“ nahegelegt, sofern der rechtzeitige Zubau neuer Kraftwerke misslingt. Spätestens ab 2022 bestehe „Bedarf an zusätzlichen Kapazitäten bzw. der Verlängerung vorhandener“.[216]

Ebenso sehen auch McKinsey-Berater im „Ausbau/Erhalt von Backup-Kapazität“ ein wichtiges politisches Handlungsfeld. Zusätzliche Spitzenlastkapazitäten seien erforderlich, um den Wegfall von gesicherter Kapazität zu kompensieren. Der Aufbau müsse „parallel zu den Kraftwerksstilllegungen stattfinden“. Sobald Ende 2022 die letzten Atomkraftwerke vom Netz gehen und Phase eins des Kohleausstiegs umgesetzt sei, müsse ausreichend steuerbare Kapazität „verfügbar sein“. Der Bau von Gaskraftwerken käme aber nur langsam voran.

Die logische Ableitung: „Insgesamt müssen die Neubauten beschleunigt oder notfalls Kraftwerkstilllegungen mit Blick auf die Versorgungssicherheit verschoben werden.“[217]

Der „Elektrifizierung“ Grenzen setzen

So lange sich keine Lösung für eine weiterhin zuverlässige Versorgung des traditionellen Stromsektors abzeichnet und vielmehr der Weg in eine StromMangelWirtschaft weiter voranschreitet, wäre es grob fahrlässig, eine weitreichende Elektrifizierung des Verkehrs- und des Gebäudesektors voranzutreiben. Es wäre verantwortungslos, einem „Mangelsektor“ weitere Nachfrage zuzumuten.

Eine weitreichende Einführung von Elektroautos und Stromheizungen ist aus heutiger Sicht keine Lösung, da dies erwartungsgemäß zum Kollabieren des Stromversorgungssystems führen würde.

Zusätzliche Nachfrage nach elektrischem Strom kann versorgungssicher nur in vorsichtiger Abhängigkeit von der Verfügbarkeit gesicherter Kraftwerksleistung – Schritt für Schritt erfolgen, um das Erzeugen gefährlicher Lastspitzen zu vermeiden.

Aktuelle Forderungen nach weitreichenden Heizungsverboten sind vor diesem Hintergrund höchst fragwürdig. Das Ölheizungs-Verbot sollte überdacht werden.

Foto: TheRadialActive, CC0, via Wikimedia Commons

Die Fernwärmeversorgung gewährleisten

Bei den aktuellen Plänen für die Stilllegung bzw. Umrüstung von Heizkraftwerken ist zusätzlich zur Stromseite auch die Fernwärmeversorgung von Millionen Haushalten sowie die Versorgung der Industrie mit Prozesswärme in den Blick zu nehmen. Diese Wärmeproduktion muss zuverlässig aufrechterhalten werden, andernfalls würde man den Wohlstand gefährden.

Ein optimierter Einsatz von Biomasse mag für den ein oder anderen Bedarf eine Lösung darstellen können. In welchem Maße aber beispielsweise die solare Nahwärme mit saisonalen Wärmespeichern einen gewissen Teil des Wärmemarkts zuverlässig wird abdecken können, werden möglicherweise erst die kommenden 80 Jahre zeigen.

Da heute für die kommenden zwei, drei Jahrzehnte eine zuverlässige Wärmeversorgung geplant werden muss, wird dies unter Verzicht auf die kommunalen und industriellen Heizkraftwerke nur schwer vorstellbar sein.

Gesicherte Leistung der Wind- und Solarbranche

Je mehr die stark schwankende Stromerzeugung durch Wind- und Solaranlagen zum Problem wird, desto mehr fragwürdige Gesetzentwürfe werden vorgelegt und hektisch wieder zurückgezogen, um überarbeitet erneut in das Gesetzgebungsverfahren zu kommen.

Ein Gesetzentwurf des Bundeswirtschaftsministeriums vom 23. September 2020 sah vor, dass die Errichtung von Anlagen zur Erzeugung von Strom aus erneuerbaren Energien „im öffentlichen Interesse“ liege und „der öffentlichen Sicherheit“ diene.“[218]

Das Vorhaben musste wegen massiver Bedenken zurückgezogen werden, weil Anlagen zur Erzeugung von Strom aus erneuerbaren Energien damit praktisch „ultimativ privilegiert“ worden wären und sich unter Umständen keinen rationalen Anforderungen mehr hätten stellen müssen. Mit den aktuellen Überlegungen, den Klimaschutz im Grundgesetz zu verankern, könnte aber dieselbe fragwürdige Wirkung erzielt werden.

Ein weiterer, Ende 2020 veröffentlichter Gesetzentwurf des Bundeswirtschaftsministeriums sah vor, dass die Netzbetreiber Privathaushalten den Ladestrom für Elektroautos und Elektrowärmepumpen täglich für Stunden abschalten können, wenn bei trübem Wetter bzw. Windlaute nicht genügend Strom erzeugt werden kann. Nur wer bereit und dazu in der Lage wäre, beispielsweise einen Grundpreis von 2000 Euro pro Jahr zu zahlen, hätte dem Gesetzentwurf zufolge weiterhin zuverlässig Strom beziehen zu können.[219] Dieses "Steuerbare-Verbrauchseinrichtungen-Gesetz", welches kurz auch als "Strom-Mangel-Gesetz" bezeichnet werden könnte, musste vom Wirtschaftsministerium nach Protesten vorläufig wieder zurückgezogen werden – zur Überarbeitung, wie es hieß.

Es war vor den Wahlen im Jahr 2021 kaum zu vermitteln, dass die Bürger Elektroautos kaufen sollen, denen dann aber per Gesetz jederzeit der Strom abgeschaltet werden kann. Auch ist es nur schwer vermittelbar, der Bevölkerung Elektrowärmepumpen zum Heizen zu empfehlen, wenn diesen dann im eisigen Winter regelmäßig der Strom abgedreht werden kann.

Dieses – vorläufig zurückgezogene – StromMangelGesetz weist sehr deutlich den Weg in die bevorstehende Zukunft: Nur Reiche werden sich künftig noch eine zuverlässige Stromversorgung, Mobilität und Raumwärme, mithin Teilhabe am Wohlstand leisten können.

Es liegt auf der Hand, dass eine solche StromMangelWirtschaft mit Privilegierung weniger nicht akzeptabel ist. Der Ausweg kann nur sein, dass die Wind- und Solarbranche künftig gesicherte Leistung anbietet.

Mit einem nunmehr 30-jährigen, privilegierten Zugang zum Strommarkt (Einspeisevorrang) und Förderungen in 3-stelliger Milliardenhöhe erhielten die Wind- und die Solarenergie umfassende Markteinführungshilfen. Mehr als jemals für erforderlich gehalten wurde. Mit diesen staatlichen Markteinführungshilfen konnten erhebliche Kostensenkungen und Gewinne erzielt werden. Wie bei jedem anderen Markteinführungsprogramm auch, sollte die Branche nun nach 30 Jahren zeigen, was sie kann.

Sie sollte den weit überwiegenden Teil ihrer Gewinne in eine gesicherte Stromversorgung investieren, statt erneut um endlose und uferlose Privilegien und Staatshilfen zu bitten. Wenn man eine Stromversorgung auf realistische und seriöse Weise mit Wind- und Solaranlagen aufbauen möchte, dann müssen die Stromkunden von den Anlagenbetreibern zuverlässig mit Strom versorgt werden.

Das bedeutet, dass der künftige Zubau von Wind- und Solaranlagen „als Gesamtpaket" erfolgen sollte, mit dem auf die ein oder andere Weise ganzjährig gesicherte Leistung angeboten wird.

Die Neuerrichtung dieser volatilen Stromerzeugungsanlagen sollte also in Kombination mit Backup-Systemen wie Langzeitspeichern bzw. Reservekraftwerken erfolgen, die bei Dunkelheit und Windflauten verlässlich Strom liefern.

Es gibt aus heutiger Sicht grundsätzlich zwei integrierte Systeme, mit denen Wind- und Solaranlagenbetreiber gesicherte Leistung anbieten können (vgl. Tabelle):

Wind- und Solaranlagenbetreiber beteiligen sich anteilig an einem Backup-Kraftwerk (z.B. Gaskraftwerk), welches dann einspringt, wenn nicht genügend Wind- bzw. Solarstrom erzeugt werden kann.

Der Strom wird zu einem Preis angeboten, der aus den Betriebskosten der Wind- bzw. Solaranlage sowie auf den anteiligen Kosten für die ganzjährige Bereitstellung (Kapazitätskosten) und den zeitlich begrenzten Betrieb eines Gaskraftwerks gebildet wird.

Möglichkeit 2 wäre aufwändiger: Ein Wind- bzw. Solaranlagenbetreiber beteiligt sich anteilig an einer Anlage zur Erzeugung von Speichergasen (z.B. Elektrolyseur zur Wasserstoffererzeugung, ggf. mit einer nachgeschalteten Methanisierungsanlage), weiterhin an einem Langzeitspeicher (z.B. Erdgasnetz) sowie an einem Gaskraftwerk, welches dann Strom u.a. aus den Speichergasen erzeugt, wenn nicht genügend Wind- bzw. Solarstrom produziert werden kann.

Der Strom wird zu einem Preis angeboten, der aus den Betriebskosten der Wind- bzw. Solaranlage, aus den anteiligen Kapazitäts- und Betriebskosten der Anlagen zur Erzeugung von Speichergasen (im diskontinuierlichen Betrieb) sowie aus den anteiligen Kapazitäts- und Betriebskosten eines Gaskraftwerks gebildet wird.

Gesamt-system	**Teilsystem A**	**Teilsystem B**	**Teilsystem C**
1	Wind- u. Solaranlagen	---	Gaskraftwerk
2	Wind- u. Solaranlagen	Langzeit-Speicherung	Gaskraftwerk

Gesicherte Leistung mit Wind- und Solaranlagen
Akademie Bergstraße

Auf diese Weise könnte „Kostenwahrheit“ hergestellt werden. Der versorgungssicher gelieferte Mix aus Wind-/Solar- und Gasstrom wäre natürlich teurer als der heutige Wind- bzw. Solarstrom, weil dem Preis die Kosten des erforderlichen Gesamtsystems zugrunde liegen würden.

Auf dem Strommarkt würden drei Produkte angeboten werden: Konventionell erzeugter Strom, „Wind/Solar-Erdgasstrom“ und „Wind/Solar-Speichergasstrom“.

Entscheidend ist, dass die Anbieter erneuerbarer Energien künftig ihren Strom dann liefern, wenn er gebraucht wird. Dazu müssen sie geeignete Sicherungs- und Lieferverträge mit Anbietern regelbarer Energie abschließen.

Die ökonomische Leistungsfähigkeit überdenken

Während noch vor nicht allzu langer Zeit der deutschen Öffentlichkeit mit Blick auf die hohe Verschuldung nahezu allabendlich vermittelt wurde, die öffentlichen Kassen seien leer, lautet das neue Mantra, Deutschland sei reich und könne regelrecht alles in schier unbegrenzter Höhe bezahlen.

In dem Buch „Kriegsmacht Deutschland?“ hat die Akademie Bergstraße Stimmen dokumentiert, wonach es aufgrund vielfältiger „internationaler Erwartungen“, mit denen Deutschland konfrontiert wird, nicht zuletzt auch im Bereich der Außenpolitik, für die deutschen Steuerzahler künftig „enorm teuer“ werde. Auch gibt es u.a. in Europa schon lange einen schleichenden „ökonomischen Niedergang“, der aufgrund von Krediten bislang „verborgen“ blieb.[220]

Aktuelle, gegen diverse Branchen gerichtete Maßnahmen lassen erwarten, dass sich der ökonomische Niedergang beschleunigen könnte. Zugleich wird Deutschland nun verstärkt auch für

Transfers innerhalb der Europäischen Union herangezogen. Man muss dann damit rechnen, dass diese Volkswirtschaft künftig möglicherweise über sehr viel weniger Mittel verfügen könnte als bisher.

Die Leopoldina kam in einer Gemeinschaftsstudie mit anderen Akademien zum Ergebnis, dass für die Energiewende bis 2050 „Gesamtmehrkosten“ von gut 2 Billionen Euro zu erwarten seien.[221]

Das könnte sogar noch tief gegriffen sein, wenn man bedenkt, dass von 2010 bis 2018 insgesamt 0,5 Billionen Euro allein nur in die energetische Gebäudesanierung geflossen sind (ohne, dass der erhoffte Nutzen nachgewiesen werden konnte).

Der Bundesrechnungshof monierte im Herbst 2020, in nur zwei Jahren erhöhe der Bund seine explizite Verschuldung um 314 Milliarden Euro. Das seien 30 Prozent der Schuldensumme der letzten 70 Jahre. „Die Konsolidierung des Haushalts nach der Krise wird schmerzhaft werden", so der Präsident des Bundesrechnungshofs.[222]

Zu erinnern ist vielleicht auch an den Preis des „Europäischen Druckwasserreaktors (EPR)“ vor 20 Jahren in Finnland (Olkiluoto). Da wurde vielfach gesagt, die 3 Mrd. Euro seien kaum finanzierbar. Erst auf der Basis eines Niedrigzins-Kredits u.a. durch die Bayerische Landesbank und durch verbindliche Strom-Abnahmeverpflichtungen ging die Finanzierung des Atomkraftwerks nach jahrelangen Verhandlungen durch.

Bei den vielfachen Milliardenbeträgen, die in die Elektrizitätswirtschaft und nun wohl zusätzlich auch noch in den Aufbau einer Wasserstoffwirtschaft gepumpt werden, ist die Frage, ob es vergleichbare Absicherungen gibt, dass auch entsprechende Erträge zuverlässig zurückfließen. Das darf bezweifelt werden.

Es empfiehlt sich, die künftige Leistungsfähigkeit dieser Volkswirtschaft kritisch zu überdenken. Was ist wirklich finanzierbar und vor allem auch: Investiert man sowohl technisch als auch ökonomisch in wirklich funktionstüchtige, tragfähige und dauerhafte Strukturen?

Investiert man in eine Infrastruktur, die den versprochenen Nutzen auch tatsächlich erbringt, die die Resilienz dieser Volkswirtschaft stärkt und zum Wohlstand für alle beiträgt? Investiert man in Strukturen, die sich ökonomisch auf lange Sicht tatsächlich tragen?

Und nicht zuletzt: Verfügt dieses Land noch über eine stabile und leistungsfähige Energie-Infrastruktur, wenn beim Umbau die Mittel möglicherweise auf halber Strecke ausgehen sollten?

Kein Einstieg in eine Mangelwirtschaft

Das eherne Versprechen einer Energiewende ohne Gefährdung der Versorgungssicherheit und ohne substanzielle Wohlstandsverluste muss auch weiterhin gelten.

Eine StromMangelWirtschaft würde Gesundheit, Leben, Wohlstand, Arbeitsplätze, Freizeit, Sozialstaat, Sicherheit, Frieden, Demokratie und Freiheit gefährden.

Vieles davon, was Deutschland und Europa nach dem Zweiten Weltkrieg im positiven Sinne ausgezeichnet hat, würde man zerstören, würde man meinen, Versorgungssicherheit sei ein antiquiertes Ziel, welches man in der heutigen, „smarten" bzw. „digitalen" Welt quasi mit links mitnehme.

Wenige Tage ohne Strom, ohne Raumwärme im langen Winterhalbjahr, ohne motorisierte Mobilität, ohne verlässliche Güterproduktion und Dienstleistungen etc. würden jedem die Augen dafür öffnen, was derzeit auf dem Spiel steht.

Diese Gesellschaft sollte sich wieder mehr auf die Ursprünge der traditionellen Energie- und Energiewendepolitik besinnen, die unisono gesicherte Leistung, Wohlstand und Arbeitsplätze im Blick hatten und beispielsweise nicht auf die Idee gekommen wären, Steinkohle-Heizkraftwerke abschalten zu wollen, wenn dann die von Fernwärme abhängigen Menschen in den Großstädten im Winterhalbjahr im Kalten sitzen würden.

Viele ältere Ostdeutsche sehen aufgrund ihrer Erfahrung mit einer Mangelwirtschaft (und Reiseverboten) möglicherweise sehr viel realitätsnäher als viele Westdeutsche die Gefahren der aktuellen Entwicklung.

Niemand möchte sich vorstellen, dass künftig eventuell nicht nur das Supermarktregal für Toilettenpapier gelegentlich leer ist, sondern vielmehr, dass regelmäßig der Strom ausfällt, die Wärmeversorgung im Winterhalbjahr kaum möglich ist, die Energie für Elektroautos, Straßenbahnen und Züge nur sehr sporadisch zur Verfügung steht und weite Teile der Wirtschaft im Stop-and-Go-Modus arbeiten müssen, weil Gewerbebetriebe regelmäßig „abgeregelt“ werden.

Vor diesem Hintergrund erscheint ein sehr grundlegendes Nachdenken darüber geboten, wie es weitergehen sollte.

Stromsparen, rationelle Energienutzung auf der Basis individueller Freiheit und im Rahmen der tatsächlich vorhandenen Möglichkeiten sind sehr sinnvoll. So manches an überzogenen Wohlstands-Erwartungen und an Konsum-Verhalten – in mancherlei Hinsicht auch in ärmeren Schichten Deutschlands – mag durchaus diskussionswürdig sein. Auch muss man Golfclubs, SUVs, Luxus-Yachten, ständige Fernreisen und Shopping-Trips übers Wochenende nach New York nicht mögen oder gutheißen.

Etwas ganz anderes ist es aber, wenn ein Stromversorgungssystem etabliert wird, welches physikalisch-technisch nicht mehr dazu in der Lage ist, Grundbedürfnisse der Bevölkerung auf zuverlässige Weise zu befriedigen und „die Wirtschaft“, von der alle leben, zuverlässig mit Strom zu versorgen.

Eine den Wohlstand gefährdende, die Verarmung vorantreibende Mangelwirtschaft wäre ein Himmelfahrtskommando.

Keine Energiepolitik mit militärischen Mitteln

Die Auseinandersetzungen um die Energie- und Klimapolitik gewinnen an Schärfe. Der Versuch, eine „große Transformation“ in Europa und weltweit durchzusetzen, wird erhebliche Widerstände provozieren.

Je massiver und repressiver „von oben verordnete“, die Freiheitsgrade einschränkende und das ökonomische Überleben gefährdende Maßnahmen erlassen werden, desto mehr werden sich Völker dagegen zur Wehr setzen.

Es ist beispielsweise möglich, dass sich zahlreiche europäische Staaten, insbesondere in Osteuropa, weiterhin weigern werden, auf ihre Kohleverstromung zu verzichten. Diese Auseinandersetzungen in der Europäischen Union um einen Kohleausstieg bergen erhebliches Konfliktpotenzial. Auch viele andere Maßnahmen im Rahmen eines „Green Deal“ können, sofern sie als Gefahr für Wohlstand, Sicherheit und Freiheit wahrgenommen werden, die Auseinandersetzungen in Europa auf gefährliche Weise weiter anheizen.

Wegen der immensen ökonomischen und strategischen Bedeutung der Energiepolitik und der Versorgungssicherheit sieht Artikel 194 des „Vertrags über die Arbeitsweise der Europäischen Union“ vor, dass die Mitgliedstaaten über ihre Energieversorgungsstruktur selbst bestimmen können. So ist es „das Recht eines Mitgliedstaats, die Bedingungen für die Nutzung seiner Energieressourcen, seine Wahl zwischen verschiedenen

Energiequellen und die allgemeine Struktur seiner Energieversorgung zu bestimmen."

Ob dieses energiepolitische Selbstbestimmungsrecht der EU-Mitgliedstaaten im Rahmen der angestrebten „Energieunion" rechtlich oder zumindest faktisch außer Kraft gesetzt werden soll, ist eine offene Frage.

Sobald der europäische Kraftwerkspark die Höchstlast nicht mehr zuverlässig abdecken kann, Mitgliedsstaaten aber dennoch unter Druck gesetzt werden, weitere Kraftwerke stillzulegen, könnte es zu gefährlichen Auseinandersetzungen innerhalb der Europäischen Union kommen.

Es ist an der Zeit, diese Zusammenhänge unter dem Gesichtspunkt möglicher Eskalationen, als potenzielle Gefahr für den Frieden in Europa zu reflektieren und zu diskutieren.

Weder mit dem Mittel der wirtschaftlichen Nötigung bzw. Erpressung, mit finanziellen Sanktionierungsmechanismen und dergleichen, noch mit einer verdeckten ideologischen Unterwanderung anderer Staaten oder am Ende sogar mit militärischer Gewalt sollte in Europa oder auch außerhalb Europas eine energie- bzw. klimapolitische Agenda durchgesetzt werden.

Gerade wir Deutschen sollten uns der Gefahr bewusst sein, eventuell neue historische Schuld auf uns zu laden, wenn wir uns vor diesem Hintergrund dazu verführen lassen würden, undemokratische und militärische Mittel gutzuheißen.

Anmerkungen

[1] Am 27. Februar 2018 lag die Spitzenlast am frühen Abend sogar bei fast 85 GW.

[2] Energy Brainpool: Kalte Dunkelflaute. Robustheit des Stromsystems bei Extremwetter. Im Auftrag von Greenpeace Energy. 12.05.2017. S. 10.

[3] Deutsche Energie-Agentur: dena-Leitstudie Integrierte Energiewende. 2018. Teil B. S. 34.

[4] Deutsche Bank Research: Kapazitätsauslastung im deutschen Stromsektor sinkt stetig. Von Josef Auer und Eric Heymann. 05.06.2019.

[5] Zeit-Online: Klimawandel. Schmutziger Irrtum. 4. Dez. 2014.

[6] Wolf von Fabeck: Notwendigkeit von Langzeitspeichern. Solarbrief 3/17. – Wolf von Fabeck: Wie Wirtschaftsminister Peter Altmeier die deutsche Energiewende verhindert. Solarbrief 2/19.

[7] Agora Energiewende: Agorameter. Charts zu Stromerzeugung und Stromverbrauch. https://www.agora-energiewende.de (13.08.2020).

[8] Wissenschaftlicher Dienst des Deutschen Bundestages: Sicherstellung der Stromversorgung bei Dunkelflauten. Az. WD 5-3000 -167/18. 31. Januar 2019 – Agora Energiewende: Agorameter. Charts zu Stromerzeugung und Stromverbrauch. https://www.agora-energiewende.de (13.08.2020).

[9] Umweltbundesamt: Potenzial der Windenergie an Land. 2013.

[10] Umweltbundesamt: Auswirkungen von Mindestabständen zwischen Windenergieanlagen und Siedlungen. Auswertung im Rahmen der UBA-Studie Flächenanalyse Windenergie an Land. 2019.

[11] Die alten Siedewasserreaktoren hatten erhebliche Probleme mit dem dominierenden Störfall-Typ „Ausfall der Hauptwärmesenke", der auch in Fukushima zum Unfall-Geschehen beitrug. – Vgl. Tepco: Plant data of Fukushima Daichi. Dokument 'TEPCO 110516e12.pdf'. 16.05.2011. S. 1. – Henrik Paulitz: ‚Ausfall der Hauptwärmesenke" trug in Fukushima zu Super-GAU bei.

März 2017. – Öko-Institut: Sicherheits- und Risikofragen im Nachgang zu den nuklearen Stör- und Unfällen in Japan - Vertiefte Ereignisanalyse zur Anlage Fukushima-Daini. Von Christoph Pistner und Matthias Englert. Im Auftrag von GRS/BMU. Darmstadt. 25.02.2015. – Den alten Atomkraftwerken mit Druckwasserreaktor mangelte es u.a. an der automatischen Auslösung des „sekundärseitigen Abfahrens mit 100 K/h", wodurch unmittelbar nach Störfall-Beginn „Handmaßnahmen" der Bedienungsmannschaft erforderlich gewesen wären. Bei den neueren Konvoi-Atomkraftwerken wurde die Einleitung des 100 K/h-Abfahrens automatisiert. – Vgl. Henrik Paulitz: Schwerwiegende Sicherheitsmängel des Atomkraftwerks Biblis B. August 2008.

[12] Bundesnetzagentur: Liste der Kraftwerksstilllegungsanzeigen. Stand: 1. November 2017.

[13] Bundesnetzagentur: Installierte Netto-Nennleistung in DEU. EEG-Anlagen ausgewertet zum 30.06.2019. Erzeugungsanlagen Stand 01.04.2020.

[14] Bundesumweltministerium: Atomkraft – Behauptungen im Faktencheck. 07.01.2020. https://www.bmu.de/meldung/atomkraft-behauptungen-im-faktencheck/ (14.08.2020).

[15] Kohlekommission: Abschlussbericht der Kommission "Wachstum, Strukturwandel und Beschäftigung" (WSBK). Herausgeber: Bundesministerium für Wirtschaft und Energie (BMWi). Januar 2019. S. 38.

[16] Kohlekommission: Abschlussbericht der Kommission "Wachstum, Strukturwandel und Beschäftigung" (WSBK). Herausgeber: Bundesministerium für Wirtschaft und Energie (BMWi). Januar 2019. S. 62 f. – Gesetz zur Reduzierung und zur Beendigung der Kohleverstromung und zur Änderung weiterer Gesetze (Kohleausstiegsgesetz). – Bundesministerium für Wirtschaft und Energie: Kohleausstieg und Strukturwandel. https://www.bmwi.de/Redaktion/DE/Artikel/Wirtschaft/kohleausstieg-und-strukturwandel.html (27.08.2020).

[17] Bundesverband der Energie- und Wasserwirtschaft (BDEW): Klimaschutz und Versorgungssicherheit sind gleich wichtig. https://www.bdew.de/energie/energiewende-wir-machen-tempo/klimaschutz-und-versorgungssicherheit-sind-gleich-wichtig/ (27.08.2020).

[18] Bundesverband der Energie- und Wasserwirtschaft (BDEW): Klimaschutz und Versorgungssicherheit sind gleich wichtig. https://www.bdew.de/energie/energiewende-wir-machen-tempo/klimaschutz-und-versorgungssicherheit-sind-gleich-wichtig/ (27.08.2020).

[19] Die Welt: Die deutsche Energiewende verliert ihren Risikopuffer. 23.04.2018.

[20] EuPD Research: Energiewende im Kontext von Atom- und Kohleausstieg. Perspektiven im Strommarkt bis 2040. Update 2020. Im Auftrag des Bundesverbands Solarwirtschaft (BSW). Mai 2020.

[21] Thomas Vahlenkamp, Ingmar Ritzenhofen, Fridolin Pflugmann, Fabian Stockhausen: Energiewende am Scheideweg. 04.09.2019. Energiewirtschaftliche Tagesfragen. 9/2019. S. 17-22.

[22] Bundesverband der Energie- und Wasserwirtschaft (BDEW): Klimaschutz und Versorgungssicherheit sind gleich wichtig. https://www.bdew.de/energie/energiewende-wir-machen-tempo/klimaschutz-und-versorgungssicherheit-sind-gleich-wichtig/ (27.08.2020).

[23] Deutsche Energie-Agentur: dena-Leitstudie Integrierte Energiewende. 2018. Teil B. S. 155 u. 173.

[24] Bundeswirtschaftsministerium: Strommarkt der Zukunft. Altmaier: „Versorgungssicherheit in Deutschland weiterhin sehr hoch“. Pressemitteilung. 03.07.2019.

[25] Expertenkommission zum Monitoring-Prozess „Energie der Zukunft“: Stellungnahme zum zweiten Fortschrittsbericht der Bundesregierung für das Berichtsjahr 2017. Andreas Löschel, Georg Erdmann, Frithjof Staiß, Hans-Joachim Ziesing. Mai 2019. S. 184.

[26] McKinsey & Company: Energiewende -Index. Sept. 2019. – McKinsey & Company: Energiewende-Index von McKinsey. Deutschland droht Versorgungsengpass. Pressemitteilung vom 5. Sept. 2019.

[27] Ernst Ulrich von Weizsäcker: Fünfmal so viel Wohlstand aus einer Kilowattstunde. 15. März 2010. http://ernst.weizsaecker.de/fuenfmal-so-viel-wohlstand-aus-einer-kilowattstunde/ (08.09.2020).

[28] Bundeswirtschaftsministerium: Energieeffizienz in Zahlen. Aug. 2018. S. 19. Datenquelle: AG Energiebilanzen: Auswertungstabellen zur Energiebilanz der Bundesrepublik Deutschland 09/2017. – Umweltbundesamt: Stromverbrauch. 16.03.2020. https://www.umweltbundesamt.de/daten/energie/stromverbrauch. Datenquelle: AG Energiebilanzen: Auswertungstabellen zur Energiebilanz 10/2019.

[29] Martin Achtnicht/Simon Koesler: Energieeffizienz: größte Energiequelle oder Quell zusätzlicher Nachfrage? Wirtschaftsdienst. 94. Jahrgang, 2014 · Heft 7 · S. 515–519.

[30] Wissenschaftliche Dienste des Deutschen Bundestags: Der Rebound-Effekt. Störendes Phänomen bei der Steigerung der Energieeffizienz. Nr. 16/14. 05. Juni 2014.

[31] Ansätze wie Demand-Side-Management, periodische Stromabschaltungen und Stromsperren, werden später diskutiert.

[32] Umweltbundesamt: Erneuerbare Energien in Zahlen. 13.03.2020. https://www.umweltbundesamt.de/themen/klima-energie/erneuerbare-energien/erneuerbare-energien-in-zahlen#uberblick

[33] Deutsche Energie-Agentur: dena-Leitstudie Integrierte Energiewende. 2018. Teil A. S. 35.

[34] Deutsche Energie-Agentur: dena-Leitstudie Integrierte Energiewende. 2018. Teil A. S. 35.

[35] Hermann J. Abs. Die gegenwärtige Lage des deutschen und internationalen Kapitalmarktes und die Kreditversorgung der öffentlichen Energiewirtschaft. In: Tagungsberichte des Energiewirtschaftlichen Instituts an der Universität Köln. Heft 5. Entwicklungsprobleme in der Energiewirtschaft. Vorträge und Diskussionsberichte der 5. Arbeitstagung am 18. Und 19. April 1952. Verlag von R. Oldenbourg. München. 1952. S. 61ff. – F. Wilhelm Christians: Energiewirtschaft und die ökonomische Stabilität in der Bundesrepublik Deutschland. In: Energiewirtschaftliche Tagesfragen 7/89. 1989. S. 418. – Henrik Paulitz: Die Deutsche Bank und ihre Energie- und Verkehrspolitik. 1994. S. 230 ff. u. 305ff.

[36] Deutscher Bundestag: Umfang, Kapazitäten und Zustand des deutschen Stromnetzes. Antwort der Bundesregierung auf eine Kleine Anfrage der Fraktion Die Linke. 15.05.2014. BT-Drucksache 18/1425. – Zwischen Deutschland und Belgien bestand aufgrund im Jahr 2013 nicht vorhandener grenzüberschreitender Leitungen kein NTC. Zwischen Deutschland und Österreich wurde kein NTC festgelegt, da bisher kein Engpass zwischen diesen Ländern ausgewiesen wurde.

[37] Zeitweise werden umgekehrt erhebliche Wind- und Solarstrom-Überschüsse exportiert. – Agora Energiewende: Agorameter. Charts zu Stromerzeugung und Stromverbrauch. https://www.agora-energiewende.de.

[38] Energy Charts: Stromaustausch von Deutschland mit seinen Nachbarländern in 2017. Grenzüberschreitende physikalische Flüsse. Datenquelle: ENTSO-E. https://www.energy-charts.de/exchange_de.htm. Letztes Update: 09 Mar 2018. – Statistika: Deutscher Stromimport nach Ländern im Jahr 2017* (in Terawattstunden). https://de.statista.com/statistik/daten/studie/202644/umfrage/deutsche-stromimporte-aus-europa-nach-laendern/

[39] Bundesministerium für Wirtschaft und Energie: Strom 2030. Ergebnispapier. Langfristige Trends – Aufgaben für die kommenden Jahre. Mai 2017. S. 10, 11 u. 24.

[40] Bundesministerium für Wirtschaft und Energie: Ein Strommarkt für die Energiewende. Ergebnispapier des Bundesministeriums für Wirtschaft und Energie (Weißbuch). Berlin. Juli 2015. S. 4. u. 89.

[41] Wirtschaftswoche: Dena-Studie. Fossile Kraftwerke auch 2050 unverzichtbar. 22. August 2012.

[42] Der Grundsatz der (n-1)-Sicherheit in der Netzplanung besagt, dass in einem Netz bei prognostizierten maximalen Übertragungs- und Versorgungsaufgaben die Netzsicherheit auch dann gewährleistet bleibt, wenn eine Komponente, etwa ein Transformator oder ein Stromkreis, ausfällt oder abgeschaltet wird. Das heißt, es darf in diesem Fall nicht zu unzulässigen Versorgungsunterbrechungen oder einer Ausweitung der Störung kommen. Außerdem muss die Spannung innerhalb der zulässigen Grenzen bleiben und die verbleibenden Betriebsmittel dürfen nicht überlastet werden.

[43] Bundesnetzagentur: Feststellung des Bedarfs an Netzreserve für den Winter 2017/2018 sowie für das Jahr 2018/2019. 28. April 2017. S. 13. – Universität Stuttgart (IER/IFK)/Deutsches Zentrum für Luft- und Raumfahrt (DLR): Versorgungssicherheit in Süddeutschland bis 2025 - sichere Nachfragedeckung auch in Extremsituationen? Studie für das Umweltministerium Baden-Württemberg. 18. Dezember 2018. S. 4.

[44] Deutsche Energie-Agentur: dena-Leitstudie Integrierte Energiewende. 2018. Teil B. S. 155 u. 174.

[45] Deutsche Energie-Agentur: dena-Leitstudie Integrierte Energiewende. 2018. Teil A. S. 35.

[46] Deutsche Energie-Agentur: dena-Leitstudie Integrierte Energiewende. 2018. Teil A. S. 35.

[47] Kohlekommission: Abschlussbericht der Kommission "Wachstum, Strukturwandel und Beschäftigung" (WSBK). Herausgeber: Bundesministerium für Wirtschaft und Energie (BMWi). Januar 2019. S. 39.

[48] Bundesverband der Energie- und Wasserwirtschaft (BDEW): Verfügbarkeit ausländischer Kraftwerkskapazitäten für die Versorgung in Deutschland. 16. August 2018. S. 5.

[49] Ohnehin wäre es kaum realistisch, müssten die europäischen Länder Windparks für die eigene Versorgung und zusätzliche Windparks für die Versorgung eines Nachbarlandes errichten und betreiben. Die Errichtung solcher Doppelstrukturen hat sowohl technisch als auch ökonomisch enge Grenzen.

[50] Bundesverband der Energie- und Wasserwirtschaft (BDEW): BDEW veröffentlicht neue Kraftwerksliste auf Hannover Messe. Weckruf an die Politik. Jetzt

handeln, sonst ist Klimaziel 2030 im Energiesektor gefährdet. Presseinformation. 23.04.2018.

[51] Michael Nickel: Versorgungssicherheit in Deutschland – Welchen Beitrag können die Kraftwerke im Ausland dazu leisten? Energiewirtschaftliche Tagesfragen. 10/2018. S. 14-15.

[52] Das war in Deutschland, Frankreich, Dänemark, Polen, Tschechien, Schweden, Finnland, Serbien und Bulgarien der Fall.

[53] et-Redaktion: Europas Stromversorgung verliert sichere Basis. Energiewirtschaftliche Tagesfragen. 1-2/2020. S. 40-41.

[54] Deutsches Zentrum für Luft- und Raumfahrt (DLR), Institut für Energiewirtschaft und Rationelle Energieanwendung (IER): Kurzstudie zur Kapazitätsentwicklung in Süddeutschland bis 2025 unter Berücksichtigung der Situation in Deutschland und den europäischen Nachbarstaaten. Im Auftrag des Ministeriums für Um-welt, Klima und Energiewirtschaft Baden-Württemberg. 17. September 2014. Langfassung der Studie: März 2015. S. 32.

[55] McKinsey & Company: Energiewende-Index: Deutschland wird Klimaziele 2030 nur mit Kurskorrekturen erreichen. Pressemitteilung vom 24. März 2020.

[56] Kohlekommission: Abschlussbericht der Kommission "Wachstum, Strukturwandel und Beschäftigung" (WSBK). Herausgeber: Bundesministerium für Wirtschaft und Energie (BMWi). Januar 2019. S. 38 f.

[57] Thomas Vahlenkamp, Ingmar Ritzenhofen, Fridolin Pflugmann, Fabian Stockhausen: Energiewende am Scheideweg. 04.09.2019. Energiewirtschaftliche Tagesfragen. 9/2019. S. 17-22.

[58] Bundesverband der Energie- und Wasserwirtschaft (BDEW): Klimaschutz und Versorgungssicherheit sind gleich wichtig. https://www.bdew.de/energie/energiewende-wir-machen-tempo/klimaschutz-und-versorgungssicherheit-sind-gleich-wichtig/ (27.08.2020).

[59] Kohlekommission: Abschlussbericht der Kommission "Wachstum, Strukturwandel und Beschäftigung" (WSBK). Herausgeber: Bundesministerium für Wirtschaft und Energie (BMWi). Januar 2019. S. 38 f.

[60] Bundesverband der Energie- und Wasserwirtschaft (BDEW): Klimaschutz und Versorgungssicherheit sind gleich wichtig. https://www.bdew.de/energie/energiewende-wir-machen-tempo/klimaschutz-und-versorgungssicherheit-sind-gleich-wichtig/ (27.08.2020).

[61] Deutsche Bank Research: Kapazitätsauslastung im deutschen Stromsektor sinkt stetig. Von Josef Auer und Eric Heymann. 05.06.2019.

[62] Die „Loss of Load Expectation (LOLE)“ geben die Stunden im Jahr an, in denen die Versorgung nicht durch Kapazitäten und Importe gedeckt werden kann. – European Network of Transmission System Operators for Electricity (ENTSO-E): Mid-term Adequacy Forecast. Executive Summary. 2019 Edition.

[63] Thomas Vahlenkamp, Ingmar Ritzenhofen, Fridolin Pflugmann, Fabian Stockhausen: Energiewende am Scheideweg. 04.09.2019. Energiewirtschaftliche Tagesfragen. 9/2019. S. 17-22.

[64] Michael Nickel: Versorgungssicherheit in Deutschland – Welchen Beitrag können die Kraftwerke im Ausland dazu leisten? Energiewirtschaftliche Tagesfragen. 10/2018. S. 14-15.

[65] Die Welt: Keine Versorgungssicherheit. Europa kann die deutsche Stromversorgung nicht retten. 22.08.2018. https://www.welt.de/wirtschaft/energie/article181267192/Keine-Versorgungssicherheit-Ganz-Europa-geht-der-Strom-aus.html.

[66] Frankfurter Allgemeine Zeitung: Energiewende. Bitte Speicherplatz frei machen. 30.07.2020.

[67] Energy Brainpool: Kalte Dunkelflaute. Robustheit des Stromsystems bei Extremwetter. Im Auftrag von Greenpeace Energy. 12.05.2017. S. 22 u. 27.

[68] Handelsblatt: Power to Gas. Gas aus Wind und Sonne. 23.11.2011. – Agora Energiewende: Stromspeicher in der Energiewende. Sept. 2014. S. 44.

[69] Detlef Ahlborn: Zur Effizienz der Energiewandlung beim Power To Gas Verfahren. 4. Juli 2014. https://www.vernunftkraft.de/power-to-gas/ (06.10.2020).

[70] Der Spiegel: Fehlende Langzeitspeicher. Deutschland droht die Stromlücke. 28.06.2017.

[71] Kohlekommission: Abschlussbericht der Kommission "Wachstum, Strukturwandel und Beschäftigung" (WSBK). Herausgeber: Bundesministerium für Wirtschaft und Energie (BMWi). Januar 2019. S. 69.

[72] Christoph Pieper, Michael Beckmann: Transformation of the German energy system. Technology Readiness Levels 2018. VGB Power Tech. 8/2019. S. 52-59.

[73] ThyssenKrupp: Stellungnahme zur Wasserstoff-Anhörung im Landtag von Nordrhein-Westfallen am 12.05.2020. 05.05.2020.

[74] CDU/CSU-Bundestagsfraktion: Wasserstoff als Energieträger. Diskussionsveranstaltung. 11.12.2019. https://www.cducsu.de/node/52100 (05.09.2020).

[75] Wirtschaftswoche: Dena-Studie. Fossile Kraftwerke auch 2050 unverzichtbar. 22. August 2012.

[76] Bundesministerium für Wirtschaft und Energie: Kraftwerke mit Schwarzstartfähigkeit. Antwort der Bundesregierung auf eine Kleine Anfrage der FDP. 22.01.2020. Drucksache 19/16714.

[77] Bundesministerium für Wirtschaft und Energie: Ein Strommarkt für die Energiewende. Ergebnispapier des Bundesministeriums für Wirtschaft und Energie (Weißbuch). Berlin. Juli 2015. S. 14.

[78] Agora Energiewende: Stromspeicher in der Energiewende. Sept. 2014. S. 3.

[79] Agora Energiewende: Stromspeicher in der Energiewende. Sept. 2014. S. 3.

[80] Bundesnetzagentur: Systemrelevante Kraftwerke. https://www.bundesnetzagentur.de/DE/Sachgebiete/ElektrizitaetundGas/Unternehmen_Institutionen/Versorgungssicherheit/Erzeugungskapazitaeten/Systemrelevante_KW/Systemrel_KW_node.html.

[81] Die offizielle Bezeichnung lautet: „Kommission für Wachstum, Strukturwandel und Beschäftigung".

[82] Rolf Martin Schmitz (RWE): Energiewende und Versorgungssicherheit. 26. Mönchengladbacher Wirtschaftsgespräch. 20. November 2018.

[83] Deutsche Bank Research: Kapazitätsauslastung im deutschen Stromsektor sinkt stetig. Von Josef Auer und Eric Heymann. 05.06.2019.

[84] Nationale Akademie der Wissenschaften Leopoldina, Deutsche Akademie der Technikwissenschaften, Union der deutschen Akademien der Wissenschaften: Sektorkopplung – Untersuchungen und Überlegungen zur Entwicklung eines integrierten Energiesystems. 2017. S. 146.

[85] Die Welt: Keine Versorgungssicherheit. Europa kann die deutsche Stromversorgung nicht retten. 22.08.2018. https://www.welt.de/wirtschaft/energie/article181267192/Keine-Versorgungssicherheit-Ganz-Europa-geht-der-Strom-aus.html.

[86] McKinsey & Company: Energiewende -Index. Sept. 2019. – McKinsey & Company: Energiewende-Index von McKinsey. Deutschland droht Versorgungsengpass. Pressemitteilung vom 5. Sept. 2019.

[87] Deutsche Energie-Agentur: dena-Leitstudie Integrierte Energiewende. 2018. Abb. 101. Teil B. S. 202.

[88] Energiewirtschaftliches Institut an der Universität zu Köln (EWI): Diskussion zukünftiger Herausforderungen von Versorgungssicherheit im Strommarkt 2.0. Im Auftrag des Zukunft Erdgas e.V. Köln. Februar 2020. S. 7.

[89] Deutsche Bank Research: Kapazitätsauslastung im deutschen Stromsektor sinkt stetig. Von Josef Auer und Eric Heymann. 05.06.2019.

[90] McKinsey & Company: Energiewende -Index. Sept. 2019. – McKinsey & Company: Energiewende-Index von McKinsey. Deutschland droht Versorgungsengpass. Pressemitteilung vom 5. Sept. 2019.

[91] Bundesverband der Energie- und Wasserwirtschaft (BDEW): BDEW veröffentlicht neue Kraftwerksliste auf Hannover Messe. Weckruf an die Politik. Jetzt handeln, sonst ist Klimaziel 2030 im Energiesektor gefährdet. Presseinformation. 23.04.2018.

[92] BDEW: Neubau von CO2-armen Kraftwerkskapazitäten stockt. Presseinformation. 01.04.2019.

[93] Bundesverband der Energie- und Wasserwirtschaft (BDEW): Klimaschutzziele. Auch die Politik ist gefordert. https://www.bdew.de/energie/energiewende-wir-machen-tempo/klimaschutzziele-auch-die-politik-ist-gefordert/ (28.08.2020).

[94] Heilbronner Stimme: Untersteller attackiert Energiepolitik der Bundesregierung. 16.07.2015.

[95] Bundesnetzagentur: Kraftwerksliste. Bundesnetzagentur nach Kraftwerksstatus und Energieträger. Stand 01.04.2020. – Bundesnetzagentur: Zu- und Rückbau von Kraftwerken 2020 bis 2022. Stand 01.04.2020.

[96] Vgl. Handelsblatt: Gaswende. Nach Kohle-Aus: Grüne fordern Abkehr von Erdgas-Technologie. 18.01.2020.

[97] Brownouts sind kurzzeitige Spannungsabsenkungen.

[98] Monopolkommission: Wettbewerb mit neuer Energie. 7. Sektorgutachten Energie. Sektorgutachten der gemäß § 62 EnWG. 2019. S. 20.

[99] Durchführungsbeschluss (EU) 2017/1442 der Kommission vom 31. Juli 2017 über Schlussfolgerungen zu den besten verfügbaren Techniken (BVT) gemäß der Richtlinie 2010/75/EU des Europäischen Parlaments und des Rates vom 24. November 2010 für Großfeuerungsanlagen.

[100] Kohlekommission: Abschlussbericht der Kommission "Wachstum, Strukturwandel und Beschäftigung" (WSBK). Herausgeber: Bundesministerium für Wirtschaft und Energie (BMWi). Januar 2019. S. 19 f. – Ingenieur.de: Luftreinhaltung. Lasche Stickoxid-Grenzwerte für Gaskraftwerke. 01.07.2019. https://www.ingenieur.de/fachmedien/umweltmagazin/luft/lasche-stickoxid-grenzwerte-fuer-gaskraftwerke/ (08.10.2020).

[101] Bundesamt für Bevölkerungsschutz und Katastrophenhilfe: Großer Stromausfall und kein Treibstoff – Deutschland braucht eine Lösung. Presseinladung. Bonn. 29.11.2017.

[102] Bundesamt für Bevölkerungsschutz und Katastrophenhilfe: Stromausfall. Grundlagen und Methoden zur Reduzierung des Ausfallrisikos der Stromversorgung. Wissenschaftsforum. Band 12. 2019. S. 38. ff.

[103] Bundesamt für Bevölkerungsschutz und Katastrophenhilfe: Blackout - Was tun, wenn der Strom ausfällt. https://www.bbk.bund.de/DE/TopThema/TT_2019/TT_Stromausfall.html (06.10.2020).

[104] Bundesamt für Bevölkerungsschutz und Katastrophenhilfe: Die Hintergründe des Projekts "Notfallkochbuch". https://www.bbk.bund.de/DE/Ratgeber/Notfallkochbuch/Hintergruende/Notfallkochbuch_Hintergruende_Projekt_node.html (06.10.2020).

[105] Stadtwerke Ahrensburg: Mythencheck: Stromausfall. https://www.stadtwerke-ahrensburg.de/de/Service/Tipps-News/Haushalt/Haushalt1/Ist-es-spiessig-sich-auf-einen-Stromausfall-vorzubereiten.html (06.10.2020).

[106] Verwaltungs-Berufsgenossenschaft (VBG): Für den Notfall gerüstet. Magazin „Certo". 03/2020. S. 10.

[107] Stadtwerke München: Neue gasbetriebene Kraft-Wärme-Kopplungsanlage am HKW Nord beschleunigt Kohleausstieg und sichert die Versorgung Münchens. Pressemitteilung. 29.4.2020.

[108] Bundesministerium für Wirtschaft und Energie: Kraftwerke mit Schwarzstartfähigkeit. Antwort der Bundesregierung auf eine Kleine Anfrage der FDP. 22.01.2020. Drucksache 19/16714.

[109] Neue Züricher Zeitung: Die Abrüstungspläne in Österreich nehmen die Schweiz militärisch in die Pflicht. 10.08.2020.

[110] Focus: Notvorrat an Scheinen gefordert. Bargeld ist in Schweden fast verschwunden - der Notenbank wird es unheimlich. 17.09.2020.

[111] Bloomberg: California Braces for More Blackouts as Heat Wave Persists. 15.08. 2020, Updated on 16.08.2020. – The Washington Times: Forcing Americans in the dark. Green energy push blamed in California's rolling blackouts. 18.08.2020. – Holger Douglas: Grünes Kalifornien. Sonne weg – Strom weg. Tichys Einblick. 20.08.2020.

[112] Deutscher Bundestag: Technikfolgenabschätzung. Gefährdung und Verletzbarkeit moderner Gesellschaften – am Beispiel eines großräumigen und langandauernden Ausfalls der Stromversorgung. BT-Drucksache 17/5672. 27. 04. 2011. S. 30.

[113] Handelsblatt: Verdacht der Marktmanipulation: Netzagentur ermittelt gegen Stromfirmen. 07.09.2020.

[114] Amprion: Systemführung. Die Lage war besorgniserregend. 2019. https://www.amprion.net/Netzjournal/Beitr%C3%A4ge-2019/Vanzetta-Interview.html (06.10.2020).

[115] Der Spiegel: London. Weite Teile Großbritanniens von Stromausfall betroffen. 09.08.2019.

[116] Bloomberg: London Blackout Blamed on Drop in Wind and Natural-Gas Power. 9. August 2019.

[117] Deutscher Bundestag: Technikfolgenabschätzung. Gefährdung und Verletzbarkeit moderner Gesellschaften – am Beispiel eines großräumigen und langandauernden Ausfalls der Stromversorgung. BT-Drucksache 17/5672. 27. 04. 2011. S. 4 ff., 30, 80 u. 92.

[118] Deutsche Wirtschafts-Nachrichten: Experte kritisiert Feldzug gegen den Diesel. „In Wirklichkeit geht es um das Ende des Individualverkehrs". 15.04.2020.

[119] Deutsche Bank Research: Mythen der Verkehrswende. Wenn das Saubere vom Himmel versprochen wird. Von Eric Heymann und Christoph Eschenfelder. 13.09.2019.

[120] Wissenschaftliche Dienste des Deutschen Bundestags: Verbot von Verbrennungsmotoren in Europa. Dokumentation. WD 8 -3000 -048/19. 2019.

[121] Deutsche Energie-Agentur: dena-Leitstudie Integrierte Energiewende. 2018. Teil B. S. 35.

[122] Entega: Elektroautos. Ladezeiten, Ladestationen, Kosten. https://www.entega.de/blog/elektroauto-ladezeit/ (02.10.2020).

[123] Handelsblatt: Verschärfte EU-Klimapläne. Ford-Deutschland-Chef kündigt Drosselung der Produktion an und zweifelt am Markterfolg von Elektroautos. 29.09.2020.

[124] Deutsche Bank Research: Mythen der Verkehrswende. Wenn das Saubere vom Himmel versprochen wird. Von Eric Heymann und Christoph Eschenfelder. 13.09.2019.

[125] ARD/Tagesschau: Klimaziel erreichbar - wegen Corona. 18.08.2020. 21:08 Uhr. https://www.tagesschau.de/inland/klimaschutzziel-corona-101.html (15.10.2020).

[126] Der Tagesspiegel: EU-Strafen in Milliardenhöhe? Versäumter Klimaschutz wird noch teurer für Deutschland. 17.05.2019. – Agora: Die Kosten von unterlassenem Klimaschutz für den Bundeshaushalt. Die Klimaschutzverpflichtungen Deutschlands bei Verkehr, Gebäuden und Landwirtschaft nach der EU-Effort-Sharing-Entscheidung und der EU-Climate-Action-Verordnung. Sept. 2018.

[127] Deutsche Bundesregierung: Klimapolitik, Energiewende, Mobilität. Was tut die Bundesregierung für den Klimaschutz? 19.08.2020. https://www.bundesregierung.de/breg-de/themen/klimaschutz/bundesregierung-klimapolitik-1637146 (15.10.2020).

[128] Die Zeit: Deutschland kann Klimaziele 2020 doch noch erreichen. 16.03.2020

[129] Tagesspiegel: Trotz Beherbergungsverboten und drohendem Lockdown. Die Deutschen reisen so viel wie vor der Pandemie. Von Eric Beltermann, Nina Breher und David Meidinger 23.10.2020. – Statistisches Bundesamt: Mobilitätsindikatoren auf Basis von Mobilfunkdaten. Experimentelle Daten. Stand: 21.10.2020.

[130] Frankfurter Neue Presse: Corona in Hessen – Analyse zu Lockdown. Er könnte zu kurz sein. 08.11.2020.

[131] BP: Energy Outlook. 2020 edition. S. 29.

[132] Internationale Energieagentur (IEA): World Energy Outlook 2020. Overview and key findings. Okt. 2020.

[133] Handelsblatt: Branchenstudie. World Energy Outlook. Wie Corona den Energiemarkt neu ordnet. Von Kathrin Witsch. 13.10.2020.

[134] Neue Osnabrücker Zeitung: Schäuble fordert Verzicht. „Klimaschutz nicht zum Nulltarif". Von dpa. 24.12.2019. – Tagesschau: "Klimaschutz gibt es nicht zum Nulltarif". 24.12.2019. – RP Online: Schäuble stimmt Bürger auf Verzicht ein. „Es gibt Klimaschutz nicht zum Nulltarif". 24.12.2019. – FAZ: Schäuble mahnt zu Verzicht wegen Klimaschutz. 24.12.2019.

[135] Klimareporter: Airlines unter Druck. Die grenzenlose Freiheit unter den Wolken. Von Jörg Staude. 31.10.2020.

[136] ADAC: Synthetische Kraftstoffe – Energieträger der Zukunft? 17.06.2020. – Wirtschaftswoche: Synthetische Kraftstoffe. Warum Friedrich Merz irrt. Kommentar von Stefan Hajek. 07.10.2020.

[137] Bundesministerium für Wirtschaft und Energie: Kraftwerke mit Schwarzstartfähigkeit. Antwort der Bundesregierung auf eine Kleine Anfrage der FDP. 22.01.2020. Drucksache 19/16714.

[138] Deutsche Bank Research: Mythen der Verkehrswende. Wenn das Saubere vom Himmel versprochen wird. Von Eric Heymann und Christoph Eschenfelder. 13.09.2019.

[139] Kohlekommission: Abschlussbericht der Kommission "Wachstum, Strukturwandel und Beschäftigung" (WSBK). Herausgeber: Bundesministerium für Wirtschaft und Energie (BMWi). Januar 2019. S. 39 f.

[140] Verband Kommunaler Unternehmen (VKU): Stellungnahme zum Entwurf des Gesetzes zur Reduzierung und zur Beendigung der Kohleverstromung und zur Änderung weiterer Gesetze (Kohleausstiegsgesetz). Berlin. 23.01.2020. S. 9.

[141] Der Energieeffizienzverband für Wärme, Kälte und KWK e. V. (AGFW): Öffentliche Anhörung zum Kohleausstiegsgesetz: Branche fordert Änderungen am 25.05.2020. https://www.agfw.de/energiewirtschaft-recht-politik/energiewende-politik/aktuelles/ (07.08.2020).

[142] Energate Messenger: Kohleausstieg. Bundesnetzagentur. Heizkraftwerk Nord ist systemrelevant. 31.10.2019.

[143] Vgl. Statista: Energieverbrauch für Wärmezwecke in Deutschland nach Sektoren im Jahr 2018 (in Petajoule). - AG Energiebilanzen: Energieverbrauch in Deutschland im Jahr 2019. S. 26.

[144] Deutsches Institut für Wirtschaftsforschung: Wärmemonitor 2019. Klimaziele bei Wohngebäuden trotz sinkender CO2-Emissionen derzeit außer Reichweite. DIW Wochenbericht. 30. September 2020. S. 771 u. 780. - Focus: Energiewende wird zum Milliarden-Grab. Deutsche dämmen wie die Weltmeister - andere Maßnahmen wären für das Klima besser. 05.10.2020.

[145] Energiewirtschaftliche Institut an der Universität zu Köln (EWI): Studie. Versorgungssicherheit in kalten Wintern sinkt bis 2030. - E-CUBE Strategy Consultants/EWI: 2030 Peak Power Demand in North-West Europe Report (Final version). Sept. 2020.

[146] Institut für Energie- und Umweltforschung Heidelberg (ifeu): Wärmenetzsysteme 4.0 Endbericht – Kurzstudie zur Umsetzung der Maßnahme „Modellvorhaben erneuerbare Energien in hocheffizienten Niedertemperaturwarmnetzen". April 2017 – Steinbeis Forschungsinstitut für solare und zukunftsfähige thermische Energiesysteme (Solites): Solare Wärmenetze für Baden-Württemberg. Juni 2015. – Solar- und Wärmetechnik Stuttgart (SWT): Solar unterstützte Nahwärme und Langzeit-Wärmespeicher. Mai 2005. – Henrik Paulitz: Solare Netze. Institut für Regional-Ökonomie. 1997.

[147] Deutsches Zentrum für Luft- und Raumfahrt (DLR), Institut für Energiewirtschaft und Rationelle Energieanwendung (IER): Kurzstudie zur Kapazitätsentwicklung in Süddeutschland bis 2025 unter Berücksichtigung der Situation in Deutschland und den europäischen Nachbarstaaten. Im Auftrag des Ministeriums für Umwelt, Klima und Energiewirtschaft Baden-Württemberg. 17. September 2014. Langfassung der Studie: März 2015.

[148] Öko-Institut: Energiewende – Wachstum und Wohlstand ohne Erdöl und Uran. F. Krause, H. Bossel, K.F. Müller-Reißmann. S. Fischer. 1980. – Öko-

Institut: Energieversorgung der Bundesrepublik ohne Kernenergie und Erdöl (Kurzfassung der Energiestudie des Öko-Instituts). 1982. S. 1 u. 6.

[149] Öko-Institut: Energiewende-Szenarien für Ost- und Westdeutschland bis zum Jahr 2010. Endbericht im Auftrag von Greenpeace Deutschland. Okt. 1991. S. 12. – Öko-Institut: Das CO2-optimierte GRÜNE Energiewende-Szenario 2010. U.Fritsche/S.Kohler. Aug. 1990.

[150] Neue Züricher Zeitung: Mehr Glück dank weniger Wohlstand. 01.04.2019. - MK Kreiszeitung: Weniger ist mehr. Nachhaltigkeitsforscher Niko Paech wirbt für einen ganz neuen, lebenswerten Wohlstand. 06.09.2020. Syke. 06.09.2020. – Deutschlandfunk Kultur: Anders Leben. Freiheit durch weniger Konsum. 13.07.2020.

[151] Bündnis 90/Die Grünen: Handeln – und zwar jetzt! Maßnahmen für ein klimaneutrales Land. Antrag WKF-07 des Bundesvorstands und verschiedener Bundesarbeitsgemeinschaften. Antragsgrün. 44. Bundesdelegiertenkonferenz Bielefeld. 04.10.2019. Zeilen 475 ff. – Bayerischer Rundfunk: Grüne wollen Einbau von Öl- und Gasheizungen verbieten. Bayern 2 Nachrichten. 05.10.2019.

[152] EnBauSa.de: Niederlande verbieten neue Gasheizungen. 08.05.2018, aktualisiert am 10.05.2018. – Windbranche.de: Energiewende in Dänemark. Verbot von Öl- und Gasheizungen. 17.04.2013.

[153] Vgl. Die Zeit: Klimaschutz. Keine Moralpredigt, bitte! Von Jan Steckel und Jörg Peters. 05.09.2019.

[154] Landesbetrieb Landwirtschaft Hessen: Geplante CO2-Abgabe – was kommt auf uns zu? Von Erich Gersbeck. 7. Mai 2020, aktualisiert am 11. Mai 2020.

[155] Frankfurter Allgemeine Zeitung: Start des Emissionshandels. Reform macht Heizen und Autofahren teurer. 08.10.2020.

[156] Deutsche Welle: Briten wählen zwischen essen und heizen. 23.12.2013. – Office for National Statistics: Excess winter mortality in England and Wales Statistical bulletins. https://www.ons.gov.uk/peoplepopulationandcommunity/birthsdeathsandmarriages/deaths/bulletins/excesswintermortalityinenglandandwales/previousReleases (15.10.2020). – Der Tagesspiegel: Kälte tötet mehr Menschen als Hitze. 21.05.2015.

[157] Die Welt: Corona in Schulen. „Bis zu 80.000 in Quarantäne. Ich fürchte, die Zahl steigt noch stark“. 12.10.2020.

[158] Wuppertal Institut: CO2-neutral bis 2035. Eckpunkte eines deutschen Beitrags zur Einhaltung der 1,5-°C-Grenze. Bericht. Erarbeitet für Fridays for Future. 2020. S. 97 f.

[159] Der Freitag (Community): Zwangshypothek – Damoklesschwert Häuslebauer. 21.05.2014. https://www.freitag.de/autoren/gismo3322/zwangshypothek-damoklesschwert-haeuslebauer (07.11.2020).

[160] Deutscher Bundestag: Stromsperren in Deutschland. 17.04.2019.

[161] Deutscher Mieterbund: Stellungnahme vom 14.01.2020 zu Stromsperren. Anhörung des Ausschusses für Wirtschaft und Energie des Deutschen Bundestages am 15. Januar 2020.

[162] BDEW: Entwicklung der Strompreise. Stand 05/2018.

[163] Bundesministerium für Wirtschaft und Energie: EEG in Zahlen. Vergütungen, Differenzkosten und EEG-Umlage 2000 bis 2020. Stand: 28.02.2020. – Smarten: EEG Umlage weit höher als gedacht. Bis zu 25% mehr sind möglich. 05.06.2020.

[164] Energiewirtschaftliches Institut an der Universität zu Köln (EWI): EEG-Umlage wird 2021 wohl deutlich ansteigen. 04.06.2020.

[165] Bundesregierung: Bundeskabinett beschließt höheren CO2-Preis, Entlastungen bei Strompreisen und für Pendler. Pressemitteilung. 20.05.2020.

[166] Deutscher Bundestag: Grüne und Linke wollen Stromsperren verhindern. https://www.bundestag.de/dokumente/textarchiv/2019/kw43-de-energierversorgung-fuer-alle-663330 (13.10.2020).

[167] Sarah Epp: Die Entwicklung von Energiearmut in Deutschland – Eine kritische Diskussion von Messkonzepten. Masterarbeit für. Universität Heidelberg. 2017. S. 11.

[168] Bundesverband Neue Energiewirtschaft: Energiearmut. Stellungnahme. Deutscher Bundestag. 13.01.2020. Ausschussdrucksache 19(9)497. S. 2 f.

[169] Vermutlich mussten vor allem Industriebetriebe ihren Stromverbrauch drosseln.

[170] Bundesnetzagentur: Feststellung des Bedarfs an Netzreserve für den Winter 2017/2018 sowie für das Jahr 2018/2019. 28. April 2017. S. 13. – Institut für Energiewirtschaft und Rationelle Energieanwendung (IER), Deutsches Zentrum für Luft- und Raumfahrt (ifk): Versorgungssicherheit in Süddeutschland bis 2025 – sichere Nachfragedeckung auch in Extremsituationen? Studie für das Ministerium für Umwelt, Klima und Energiewirtschaft Baden-Württemberg. 18.12.2018.

[171] Agora Energiewende: Stromspeicher in der Energiewende. Sept. 2014. S. 3.

[172] Bündnis 90/Die Grünen: "... zu achten und zu schützen ...". Veränderung schafft Halt. Grundsatzprogrammentwurf für die Vorstellung am 26.06.2020. S.

15. https://cms.gruene.de/uploads/documents/202006_B90Gruene_Grundsatzprogramm_Entwurf.pdf (13.10.2020). – Bündnis 90/Die Grünen: (…) Grundsatzprogrammentwurf. Antrag zur 45. Bundesdelegiertenkonferenz von BÜNDNIS 90/DIE GRÜNEN in Karlsruhe, 20. bis 22. November 2020. Stand: 28. August 2020. S. 12 f. https://cms.gruene.de/uploads/documents/20200828_Grundsatzprogrammentwurf_BDK-Antrag.pdf (13.10.2020).

[173] Bundesamt für Bevölkerungsschutz und Katastrophenhilfe: Stromausfall. Grundlagen und Methoden zur Reduzierung des Ausfallrisikos der Stromversorgung. Wissenschaftsforum. Band 12. 2019. S. 43.

[174] Technische Universität Berlin: Einordnung des Potentials von Demand Response in privaten Haushalten. Arbeitspapier. Von Lydia Weygoldt und Albert Hoffrichter. Erstellt im Rahmen des Kopernikus-Projektes „Energiewende-Navigationssystem zur Erfassung, Analyse und Simulation der systemischen Vernetzungen“ (ENavi). Gefördert vom Bundesministerium für Bildung und Forschung (BMBF). Juli 2018.

[175] Nationale Akademie der Wissenschaften Leopoldina, Deutsche Akademie der Technikwissenschaften, Union der deutschen Akademien der Wissenschaften: Sektorkopplung – Untersuchungen und Überlegungen zur Entwicklung eines integrierten Energiesystems. 2017. S. 10.

[176] Energy Brainpool: Kalte Dunkelflaute. Robustheit des Stromsystems bei Extremwetter. Im Auftrag von Greenpeace Energy. 12.05.2017. S. 4.

[177] Patrick Jochem: Demand Side Management (DSM). https://wirtschaftslexikon.gabler.de/definition/demand-side-management-dsm-53701 (14.10.2020).

[178] Frankfurter Neue Presse: Stromnetz nicht vorbereitet für Ausbreitung von E-Autos. 19.08.2017.

[179] Frankfurter Allgemeine Zeitung: Der Tag, an dem Strom knapp wurde. Von Andreas Mihm. Aktualisiert am 12. Januar 2019.

[180] Agora Energiewende: Agorameter. Charts zu Stromerzeugung und Stromverbrauch. https://www.agora-energiewende.de.

[181] Frankfurter Allgemeine Zeitung: Der Tag, an dem Strom knapp wurde. Von Andreas Mihm. Aktualisiert am 12. Januar 2019.

[182] Frankfurter Allgemeine Zeitung: Der Tag, an dem Strom knapp wurde. Von Andreas Mihm. Aktualisiert am 12. Januar 2019.

[183] Trimet SE: Geschäftsbericht 2014/15. S. 34. – Trimet Aluminium SE: Geschäftsbericht 2018/19. S. 18. – Deutsche Welle: Energiewende. Die Fabrik als Stromspeicher. 16.03.2020.

[184] Die Familienunternehmer: European Green Deal. Eine kritische Bewertung. Mai 2020. S. 4, 19 u. 60.

[185] Kohlekommission: Abschlussbericht der Kommission "Wachstum, Strukturwandel und Beschäftigung" (WSBK). Herausgeber: Bundesministerium für Wirtschaft und Energie (BMWi). Januar 2019. S. 36. Fußnote 80.

[186] Handelsblatt: Hohe Energiepreise vertreiben Industrie aus Deutschland. Von Martin Murphy. 03.11.2010.

[187] Wacker Chemie AG: Wacker plant neue Produktions-Anlage für Polysilicium in den USA. Presseinformation. 26.02.2009.

[188] Steuern und Abgaben für die Industrie in ct/kWh (ohne Stromsteuer) bei Jahresverbräuchen zwischen 160.000 und 20 Mio. kWh (Mittelspannungsseitige Versorgung). – Quelle: Bundesverband der Energie- und Wasserwirtschaft: BDEW-Strompreisanalyse Juli 2020. Haushalte und Industrie. 30.07.2020. Folie 27. – Hinweis: Die ungleichförmige Abfolge der Jahreszahlen auf der x-Achse wurde vom BDEW übernommen; sie führt nicht zu einer grob fehlerhaften Darstellung des Trends.

[189] Zentrum für Europäische Wirtschaftsforschung (ZEW): KfW/ZEW CO2 Barometer 2012. Im Auftrag der KfW Bankengruppe. 2012. S. 38.

[190] Thomas Vahlenkamp, Ingmar Ritzenhofen, Fridolin Pflugmann, Fabian Stockhausen: Energiewende am Scheideweg. 04.09.2019. Energiewirtschaftliche Tagesfragen. 9/2019. S. 17-22.

[191] Thomas Vahlenkamp, Ingmar Ritzenhofen, Fridolin Pflugmann, Fabian Stockhausen: Energiewende am Scheideweg. 04.09.2019. Energiewirtschaftliche Tagesfragen. 9/2019. S. 17-22.

[192] Hanno Kempermann, Hubertus Bardt: Risiken der Energiewende für die Industrie. Energiewirtschaftliche Tagesfragen. 3/2014. S. 33-39.

[193] Handelsblatt: Energieintensive Branchen. Coronakrise könnte „Deindustrialisierung 2.0“ auslösen. Von Klaus Stratmann. 26.06.2020.

[194] Institut der deutschen Wirtschaft Köln (Hrsg.): Die Zukunft der Industrie in Deutschland und Europa. Analysen Nr. 88. 2013. S 27 f.

[195] Kohlekommission: Abschlussbericht der Kommission "Wachstum, Strukturwandel und Beschäftigung" (WSBK). Herausgeber: Bundesministerium für Wirtschaft und Energie (BMWi). Januar 2019. S. 36. Fußnote 80.

[196] Klaus Stern: Aktuelle Rechtsfragen der stromintensiven Industrie im Zusammenhang mit dem Braunkohletagebau in Nordrhein-Westfalen unter besonderer Berücksichtigung des Vertrauensschutzprinzips. Rechtsgutachten im

Auftrag der Hydro Aluminium Rolled Products GmbH. Universität zu Köln. 19.10.2018. S. 159.

197 Hannoversche Allgemeine: "Wir brauchen Alternativen". IG Metall-Chef Jörg Hofmann über Ängste in der Klimadebatte. 23.09.2019.

198 Handelsblatt: CO2-freie Produktion bis 2050. ThyssenKrupp will Hochöfen dichtmachen. Von Kevin Knitterscheidt. 21.01.2019.

199 Ferdi Schüth: Redebeitrag während der Veranstaltung „Wasserstoff als Energieträger" der CDU/CSU-Bundestagsfraktion. 11.12.2019. https://www.cducsu.de/node/52100 (05.09.2020).

200 ThyssenKrupp: Stellungnahme zur Wasserstoff-Anhörung im Landtag von Nordrhein-Westfallen am 12.05.2020. 05.05.2020. – Deutschlandfunk: Konjunkturpaket. Neun Milliarden für die Wasserstoffwirtschaft. Von Frank Grotelüschen. 08.06.2020. – Ingenieur.de: Thyssenkrupp will Öko-Stahl herstellen. 25.09.2020. – Tagesschau: ThyssenKrupp. Ausverkauf oder Staatseinstieg? 16.10.2020. – Handelsblatt: Im Notfall steigt der Bund in die Produktion von klimaneutralem Stahl ein. 27.08.2020. – Handelsblatt: Stahlbranche Thyssen-Krupp soll Hilfe vom Staat bekommen. 30.08.2020.

201 Deutschlandfunk: Konjunkturpaket. Neun Milliarden für die Wasserstoffwirtschaft. Von Frank Grotelüschen. 08.06.2020.

202 Henrik Paulitz: Anleitung gegen den Krieg. Akademie Bergstraße für Ressourcen-, Demokratie- und Friedensforschung. 2016. 2. Aufl. 2017.

203 Phoenix (ARD/ZDF): Geteiltes Deutschland - Wie halten wir unsere Gesellschaft zusammen? Unter den Linden. Moderation: Michaela Kolster. 24.06.2019. 22.15 Uhr. Ab Minute 19.28. https://www.phoenix.de/sendungen/gespraeche/unter-den-linden/geteiltes-deutschland---wie-halten-wir-unsere-gesellschaft-zusammen-a-1103480.html (26.06.2019). – Michaela Kolster ist Mitglied des Kuratoriums der Johanna-Quandt-Stiftung. Die Stiftung wurde 1995 von Johanna Quandt, einer der reichsten Frauen Deutschlands gegründet.

204 Handelsblatt: Coronakrise – der Beginn der großen Transformation. Gastkommentar von Bundesaußenminister a.D. Joschka Fischer. 30.07.2020.

205 Henrik Paulitz: Kriegsmacht Deutschland? Informationen und Handlungsempfehlungen zu brandgefährlichen ‚internationalen Erwartungen' an Deutschland. Akademie Bergstraße für Ressourcen-, Demokratie- und Friedensforschung. 2018.

206 17:30 SAT1 LIVE (Regionalmagazin für Rheinland-Pfalz und Hessen): Sigmar Gabriel nimmt in Kassel Stellung zur Energiewende. 17.04.2014.

https://www.1730live.de/sigmar-gabriel-nimmt-in-kassel-stellung-zur-energiewende/ (12.10.2020).

[207] Wirtschaftswoche: Nach Gabriel-Interview in der WirtschaftsWoche. SPD und Grüne fetzen sich über Energiewende. 01.09.2013.

[208] Vgl. zum Beispiel die "Taxonomie-Verordnung" der EU (Verordnung 2020/852), mit der ein extrem weitreichender Umbau der europäischen Wirtschaft eingeleitet werden soll.

[209] Die Debatte um Kleinwasserkraftwerke und Naturschutz zeigt exemplarisch, wie schnell sich „Naturschutzmaßnahmen" am Ende gegen jegliche Formen der Daseinsvorsorge richten können. Vgl. Julian Aicher: Zerstörung von Kleinwasserkraftwerken – Ökologisch gar nicht wünschenswert. Nachdenkseiten. 21.08.2020.

[210] Ein aktuell diskutiertes Beispiel sind die CO2-Ziele der EU für die Automobilindustrie, die zum Teil als technisch nicht umsetzbar bewertet werden. Vgl. Hans-Werner Sinn: Der Schwindel mit dem E-Auto. Gastkommentar. Handelsblatt. 23.12.2019.

[211] Bundesrechnungshof: Bericht nach § 99 BHO über die Koordination und Steuerung zur Umsetzung der Energiewende durch das Bundesministerium für Wirtschaft und Energie. Bonn. 28. Sept. 2018. S. 5.

[212] Gabriele Krone-Schmalz: Respekt geht anders. Betrachtungen über unser zerstrittenes Land. 2020.

[213] Royal Dutch Shell: Europas größtes grünes Wasserstoffprojekt startet in Groningen. 27.02.2020. https://www.shell.de/medien/shell-presseinformationen/2020/europas-groesstes-gruenes-wasserstoffprojekt-startet-in-groningen.html (27.10.2020).

[214] Andreas Hintennach: Redebeitrag während der Veranstaltung „Wasserstoff als Energieträger" der CDU/CSU-Bundestagsfraktion. 11.12.2019. https://www.cducsu.de/node/52100 (05.09.2020).

[215] Nationale Akademie der Wissenschaften Leopoldina, Deutsche Akademie der Technikwissenschaften, Union der deutschen Akademien der Wissenschaften: Sektorkopplung – Untersuchungen und Überlegungen zur Entwicklung eines integrierten Energiesystems. 2017. S. 146.

[216] Deutsches Zentrum für Luft- und Raumfahrt (DLR), Institut für Energiewirtschaft und Rationelle Energieanwendung (IER): Kurzstudie zur Kapazitätsentwicklung in Süddeutschland bis 2025 unter Berücksichtigung der Situation in Deutschland und den europäischen Nachbarstaaten. Im Auftrag des

Ministeriums für Umwelt, Klima und Energiewirtschaft Baden-Württemberg. Langfassung. März 2015. S. 33 f.

[217] Thomas Vahlenkamp, Ingmar Ritzenhofen, Fridolin Pflugmann, Fabian Stockhausen: Energiewende am Scheideweg. 04.09.2019. Energiewirtschaftliche Tagesfragen. 9/2019. S. 17-22.

[218] Deutsche Bundesregierung: Entwurf eines Gesetzes zur Änderung des Erneuerbare-Energien-Gesetzes und weiterer energierechtlicher Vorschriften. 23.09.2020. S. 11.

[219] Bundeswirtschaftsministerium: Referenten-Entwurf für ein Steuerbare-Verbrauchseinrichtungen-Gesetz (SteuVergG). 2020. – Bundesverband Solarwirtschaft: Solarbranche begrüßt Gesetzesrückruf. Pressemitteilung. 19.01.2021.

[220] Henrik Paulitz: Kriegsmacht Deutschland? Informationen und Handlungsempfehlungen zu brandgefährlichen ‚internationalen Erwartungen' an Deutschland. Akademie Bergstraße für Ressourcen-, Demokratie- und Friedensforschung. 2018. S. 27 u. 36.

[221] Nationale Akademie der Wissenschaften Leopoldina, Deutsche Akademie der Technikwissenschaften, Union der deutschen Akademien der Wissenschaften: Sektorkopplung – Untersuchungen und Überlegungen zur Entwicklung eines integrierten Energiesystems. 2017. S. 146.

[222] Der Spiegel: Umgang mit Corona-Schulden. Rechnungshof wirft Scholz "Ratlosigkeit" vor. 02.11.2020. – Oswald Metzger: Rechnungshof schlägt Alarm. Bund schont Rücklage, erklärt aber Notlage. Tichys Einblick. 05.11.2020.

Register